中小学新课程教学艺术丛书

新时期小学语文教师素养十要

——特级教师赵景瑞教学课例

赵景瑞　著

中国林业出版社

图书在版编目(CIP)数据

新时期小学语文教师素养十要：特级教师赵景瑞教学课例／赵景瑞著．—北京：中国林业出版社，2012.4
(中小学新课程教学艺术丛书)
ISBN 978-7-5038-6534-3

Ⅰ．①新…　Ⅱ．①赵…　Ⅲ．①小学语文课－教学法
Ⅳ．①G623.202

中国版本图书馆 CIP 数据核字(2012)第 057548 号

出版：中国林业出版社(100009　北京西城区刘海胡同 7 号)
E-mail：13901070021@163.com　**电话**：010－83283569
发行：新华书店北京发行所
印刷：三河市祥达印装厂
印次：2012 年 5 月第 1 版第 1 次
开本：787mm×960mm　1/16
印张：11.75
字数：180 千字
定价：26.00 元

前　言

《国家中长期教育改革和发展规划纲要（2010～2020年）》中指出："教育大计，教师为本。有好的教师，才有好的教育……努力造就一支师德高尚、业务精湛、结构合理、充满活力的高素质专业化教师队伍。"这是国家的战略举措。强国必先强教，强教必先强师，强师才能造就德、智、体、美全面发展的高素质人才。

为了适应新时期的战略需要，小学语文教师应具备的优良素质至关重要。在探索中，结合我自己几十年的教学实践，将教学体会系统整理，编写了本书，献给广大小学语文教师，共探教师提高之路，共享教育改革之果。

本书力图体现几个特点：

1. 实践出真知

我从1961年从教至今已有50年教龄，在这漫长的教育生涯中，有16年一线执教的经历，又有30余年的教研历程，始终没有离开小学语文教学。用心的课堂实践、渴求的理论学习、多项的课题研究、用心带徒的过程、数百篇的论文发表，积累了大量的经验，让我对如何当好语文教师有了渐深的理解。所以，书中从大量教学课例出发，从实践中提升理念，把语文教学的理念融于鲜活教学故事中，走近教师、走进课堂、贴近教学，有可读性和实用性，使读者爱读受益。

2. 多角度悟真知

书中多角度列举约80个教学故事，既有我上课亲历的，也有我备课、听课、评课的故事；既有正面的精彩课例，也有不成功课例的教训；既有对语文教材的把握，也有教法、学法的渗透，力图多层面解读教师的素养。

3. 分章节理真知

书中以《国家中长期教育改革和发展规划纲要（2010～2020年）》论述及新颁布的《小学语文新课程标准》引领，分为十章，阐述了教师应成为“辩证思考的哲学人”、“点燃创新精神的火炬手”、“教书育人的园丁”、“汉语魅力的鉴赏家”、“耕耘教材的主人”、“学情的知音者”、“快乐学习的引发者”、“学程中探学法的架桥人”、“训练学生素养的搭台者”、“课堂生成的魔术师”。以标题点明观点，每个章节列举课例，每个课例后又以“启示”点拨，力求理论与实践完美结合。

2011年11月

教师素质举足重，
教书育人养学童。
引玉抛砖共透视，
世纪强国盼圆梦。

目　录
CONTENTS

第一章

教师要做辩证思考的哲学人

☞ 国家中长期教育改革和发展规划纲要指出：深入贯彻落实科学发展观。

☞ 小学语文新课程标准：汲取当代语文教育科学理论的精髓……

宇宙万物迷纷繁，
辩证规律变简单。
教师要做哲学人，
明智思考育教坛。

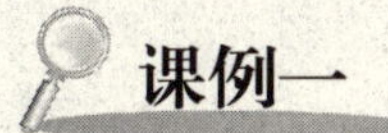

课例一

语文教学中的哲学

辩证唯物主义是人类宝贵的精神财富，而哲学是自然知识、社会知识、思维知识的概括和总结，是世上万物的普遍规律。对立统一的规律、量变与质变的转化规律、否定之否定的规律等哲学思想，在语文学科、语文教材、语文教学中无时不在，无处不在。以下列举一些实例，并从哲学的视角进行分析。

(1) 汉字的音形是外，汉字的意是内，内外统一在汉字中。汉字的音、形、意是工具，运用汉字表达是人文，掌握汉字体现了工具与人文的统一。

（2）“字词句篇”是静态的汉语，“听说读写”是动态的汉语，运用“字词句篇”去“听说读写”乃动静的结合。“听读”是吸收，“说写”是倾吐；“听说”是口头语言，“读写”是书面语言，语言进出的两种表现形式统一在“听说读写”之中。

（3）每篇课文是学习个别语言现象，从中掌握语言的规律乃升华到一般，个别中包含一般，一般存在于个别，两者的统一是学习语文的必由之路。

（4）课文中存在着诸多矛盾统一的现象：文字与内涵、详写与略写、概括与具体、开头与结尾、分段与衔接……

（5）阅读课文要先进文，透过语言文字理解思想内容；还要回文，思考这样的思想内容的表达方式，一进一出、读写结合，统一在两个回合的过程中。

（6）朗读是用清楚、响亮、恰当的声音念文章，多种器官协同活动的复杂过程，即眼看书面文字，进入头脑的理解，转化为恰当的声音表达出来，用耳自己听，再到别人听。这一过程体现内外的转化，书面向口头的转化，个人向别人的转化。所以，朗读就是运用声音的轻重、高低、快慢、断续的矛盾统一，恰当读出文章的思想感情。

（7）阅读能力的形成需要经历读文由薄到厚再到薄的否定之否定、量变到质变的转化过程。

（8）阅读某篇课文的教学也要经历由整体到部分再回到整体的否定之否定的转化过程。

（9）课堂教学的效率需要处理好教师与学生、目标与操作、课文与师生、预设与生成、显性与隐性、共识与共创、个体与全体、课内与课外的诸多关系。

（10）作文的过程展现着从“生活——表达——生活”的转化，由外在生活到内化认识再到服务生活的外化。

（11）教学习方法应经历：有法——多法——得法；学生应经历：入格——多格——脱格，这一过程体现着量变到质变的规律。

语文学科是基础学科，是母语教学，多少年来，志士同仁、专家学者都非常关注它的方向。它曾经经历了多次的讨论，甚至争论。值得反思的是，为什么还曾出现过左右摇摆。其实这并不奇怪，事物在发展，也受到思潮的影响，人们的认识也在不断调整、不断深入。一个重要原因，就是从辩证唯物主义是人类的宝贵的精神财富中获得启示。所以，教师不仅要不断学习教育学、心理学、教学论、语言学……更需要有辩证唯物主义哲学的观点，用哲学的视角分析、运用到语文教学中，才会更明智，更有效。

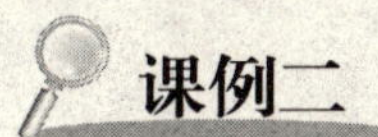

一个总分段的深究

这是一次语文骨干教师关于如何备课的培训会，我作为培训教师，为了指导教师深入钻研教材，其中列举了课文《海底世界》中一个典型总分段研讨。

原文《海底世界》中的一段：

海里的动物，已经知道的大约有三万种。它们各有各的活动方法。海参靠肌肉伸缩爬行。有一种鱼，身体像梭子，每小时能游几十千米，攻击其他动物的时候，速度比普通的火车还快。乌贼和章鱼能突然向前方喷水，利用水的反推力迅速后退。还有些贝类自己不动，能贴在轮船底下做免费的长途旅行。

阅读应是两个回合的过程，即从语言文字入手理解文章的思想内容，再从思想内容回到语言文字，看看这样的思想内容是运用怎样的语言形式表达的。培训会上，首先完成第一回合解读过程，提出本段共有几句？五句；属于什么段式？总分；用段中的一句概括这段的内容：首句是总述；根据总句找出段中具体分述的重点词语及表达情感，回答如下。

海里的动物（海参、鱼、乌贼、章鱼、贝类）

活动方法（爬、游、喷、贴）——均用一个字

（慢、快、退、静）——均用一个字

表达感情（惊奇、有趣……）

接着完成第二回合探写的过程。

1. 理清关系

大家已知道第一句与后四句是总分关系，继续研究后四句分述之间是什么关系？回答是：并列关系。接着，以图示填词方式分析它们之间的深层关系，如图 1-1 所示。

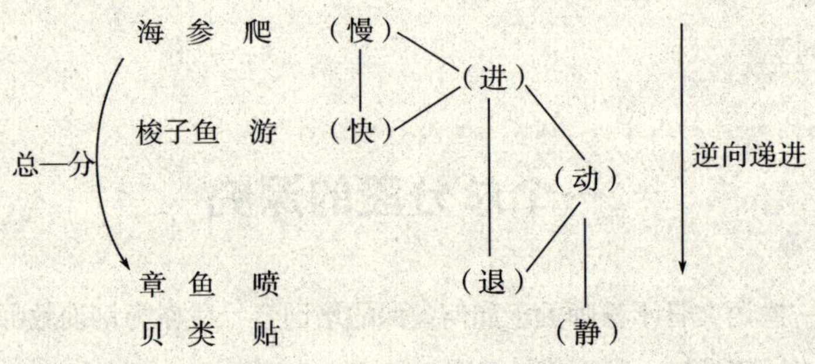

图 1-1　深层关系

图 1-1 表明分述并非仅仅是并列关系，有慢就有快，慢与快都是前进；有进就有后退，进退都是动态；有动就有静，叙述的顺序乃是递进关系，具有辩证色彩。

2. 体味选材

揣摩作者的辩证思维。引导大家思考：作者只选五种动物能代表海底几万种动物的活动方式吗？（否）。讨论后，得出结论，作者只能用典型的个别动物代表全部海底动物。进而探寻：作者能观察全部的海底动物吗？（只能看到部分）。作者观察到海参慢动后会想什么？（向相反方向思考，一定有快动的动物）。作者又去观察什么动物？（快动的动物）。接着作者又在想什么？（快与慢都是前进，向反方向思考，一定有后退的动物）。接着作者又在想什么？（前面都是自身能动的，一定有自身不动的）。作者运用什么思考方式选出典型的材料？悟出规律（边观察边逆向思考，就会发

现典型，成为典型的个别）。即便将来还会发现新的海底动物，这些活动方式有变化吗？（没有，已经很全了），如图1-2所示。

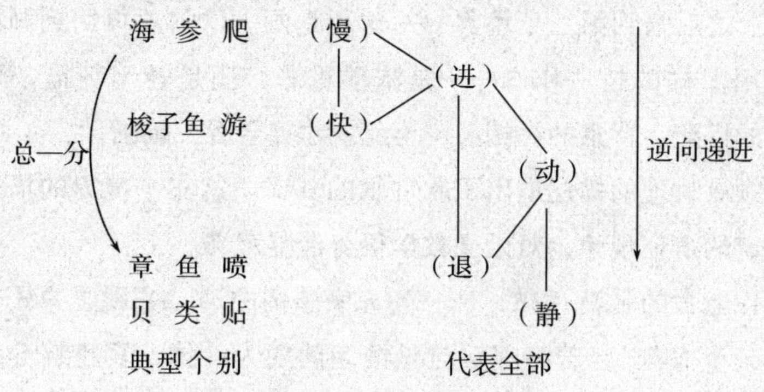

图1-2　典型类型

看来，一分为二的辩证思考具有普遍性。这样，才真正体味到作者的哲学思考，选材与表达的精妙、匠心。教师从这样的研讨中不仅佩服作者的思维，同时也提高了自身的哲学水平。

启　示

哲学是世界观和方法论，是人类珍贵的精神食粮，语文教学也不例外。教师应以哲学的眼光去钻研教材，透过语言文字去发现文本中哲学的闪光点。上面课例的探究过程生动地表明了这一点。如果只在段落结构总分关系上分析，浅尝辄止；当我们用图示透视叙述顺序后，分述间的内在联系一览无遗，作者的对立统一的思考、典型和普遍、以少胜多的选材，就闪耀出辩证法的光辉。

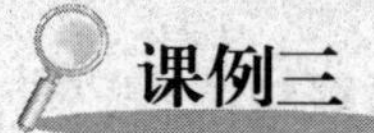

课例三

解读《猫》的三境界

有一位美术鉴赏家曾这样描述如何欣赏一幅画：当你看到一幅画时，要有三个境界。第一个境界——这是画。你来到画前，要看明白这幅画画的是什么，表现的是什么，这是看懂画的前提。接着进入第二个境界——这不是画。那是什么呢？透过表面画的形象，领悟画中表现的含义、情感、神韵。之后来到第三个境界——这还是画。这需要再回到画面，仔细揣摩画家用怎样的技法作画——是浓墨重彩，还是轻笔细描，画纸的选择、色彩的搭配、背景的衬托……至此，才算会看一幅画。

这番颇有哲理的描述道出了欣赏画的真谛。这三个境界的描述浸透着否定之否定的辩证规律，对语文教学很有借鉴意义。

举例：老舍的名篇《猫》有一句充满感情的话“它跳上桌子，在稿纸上踩印几朵小梅花”。若将理解与感情朗读融为一体，真正培养语感，教学应让学生进入下面的三个境界。

境界一：这是语言文字——知语面（音、形、意），如图1-3所示。

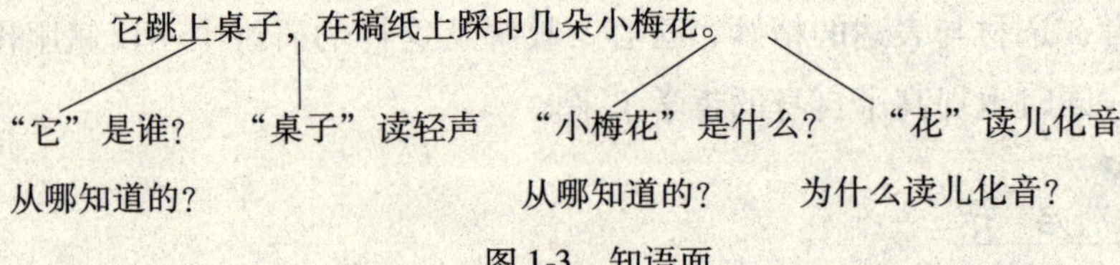

图1-3　知语面

境界二：这不是语言文字——悟语里（道、境、情）。

猫跳上桌子：猫敢跳上桌子吗？（胆大）。常跳上桌子吗？（经常）。为什么？（因为猫知道主人喜欢它这样做）。此时猫怎样看着作者？（自信、友好、亲密）。

几朵小梅花：爪子美。

踩印：轻柔、轻松、轻巧。

老舍在干什么：作者此时在做什么？（放下写作，任猫踩踏稿纸，专门欣赏猫爪子印）。为什么把猫爪子印看成小梅花？（花爪美、喜爱）。可见作者更爱什么？（爱猫胜于爱写作）。

境界三：这还是语言文字——品写法（采、读、创）。

品踩印：像盖篆刻，用拟人。

品几朵小梅花：用比喻。

朗读再现——入角色朗读：猫角色、老舍角色朗读。

说写表现——出角色评创：你想对老舍与猫说什么，写下来。

这样，运用哲学的思维设计教学，扣住语言文字，三个境界理解层层深入，情感逐渐深化，融为一炉。“是语言文字——不是语言文字——还是语言文字”生动地展现了“肯定——否定——否定之否定”的科学现象，向相反的方向转化过程。读文开始接触的是表面的语言文字音、形、意，接着向着相反转化，否定进入语言文字的内在情境，然后又朝着相反的方向转化，否定之否定回到语言文字，这不是简单的回归，而是对表达形式的揣摩，是螺旋式提升的回归。三个境界的过程充分体现语文教学工具性与人文性的和谐统一。这种规律普遍适用于解词、悟句、懂篇。

通过课例，三个境界解读文本、培养学生语感具有普遍意义。归纳整理后见表1-1。

表1-1　教学“三境界”的哲学思考

境界一	境界二	境界三
肯定	否定	否定之否定
是语言文字	不是语言文字	还是语言文字
外	内	外
文	画	文
音、形、意	道、境、情	采、读、创
工具	人文	工具

启　示

这种三境界解读文本的哲学思考过程，对培养学生语感有重大意义。语文课标在课程的基本理念中就明确指出：在教学中尤其要重视培养良好的语感。在总目标中再次强调：有较为丰富的积累和良好的语感。

什么是语感？语感有多种解释，以下是相关的不同的论述。

（1）语感是对语言文字敏锐的感觉，一种对语言文字丰富的联想、想象的感知活动，它是理解一切语言文字的基础，是人们直觉的感受、领悟、把握语言文字的能力。

（2）语感，就是指人们对语言文字的直接的感受能力。

（3）语感是一种语言修养，是经过长期的、规范的语言文字训练逐步

形成的比较直接的、迅速的感受语言文字的能力。

(4) 所谓语感，就是人们对语言文字的正确、敏锐、丰富的感受力，由语言文字引起的复杂的心理活动和认识活动的过程，是人们直觉的感受、领悟、把握语言文字的一种能力。

(5) 心理学认为，语感是一种心智技能，是感性与理性相统一的一种悟性，一种直觉的理解。

(6) 教学论认为，语感是一种语文修养，是通过长期而规范训练养成的一种带有浓厚经验色彩的，比较直接、迅速的感悟领会语言文字的能力。

(7) 语言学认为，语感是对语言隐含意义（深层意义）的一种深刻的直觉，是对某一语句与语境的确切关系的直接感知。

(8) 哲学认为，语感“是个体的人与外部语言世界的直接联系”、“是人的语言器官长期感受语言对象不断积淀的结晶”。

综合以上不同角度的论述，似乎有个共同的概念——直觉、直接的语言感受需要长期的积淀。长期更需要短期的训练才能落实，而三个境界的解读正是打开语感大门的钥匙。教师掌握了这个哲学钥匙，扎扎实实地训练，良好的语感就不是高不可攀的。

课例四

“孔隙”是小还是大

课文《记金华的双龙洞》，描写的是浙江金华的一个溶洞，是游览胜地。顺着泉水的来路引导游客饱览了溶洞的外洞——孔隙——内洞。其中，孔隙最有意思。课文在描写孔隙时有耐人寻味、充满哲理的一句话：“虽说是孔隙，可也容得下一只小船进出。”怎样在理解句子的基础上，向学生渗透哲学观点，可这样进行教学：

环节1：学生读句，联系文中说说孔隙的含意。（孔隙是个水道，又矮又窄，还很险，过孔隙要乘小船进出）

环节2：再读句子，将一组关联词语画出来，体会是什么关系？（虽说……可……是转折关系）

环节3：查词典“孔隙”的意思。（指“小洞、裂缝”，说明很小）；小船能进出说明什么？（也不小）

环节4：再说说这句话的转折意思。（虽然孔隙很小，可是又不小）

环节5：这不是矛盾吗？你们能用“到底是……还是……”提出问题吗？（学生质疑：孔隙到底是小还是大？）

环节6：想办法解决这个问题。（学生联系上文外洞很大，又联系下文内洞更大，体会到“孔隙”比起外洞和内洞来说它小，但从本身来说也不小，能容下一只小船）

环节7：启发这是运用了什么方法？（联系上下文思考）

环节8：通过这句话的理解，谈谈体会。（学生洞察出“孔隙”一词孕育的大中见小，小中衬大的相对观点；学会有联系地、比较地看问题。从而促使学生运用辩证的方法思考）

这个设计将解句、悟法、渗透哲学融为一炉。如果教学未抓住句子中矛盾的表述，只是理解表面句意，知道孔隙出入需要乘小船，就失去了渗透辩证观点的好时机。

启　示

一篇文章记叙的展现，实质上是各种矛盾发生、发展、转化、解决的过程，是对立统一的整体。教师要善于抓住这些矛盾因素思考，要揭示文章的内在矛盾。只要找出矛盾的双方，解决矛盾，辩证思维训练自然寓在其中。这个课例抓住了“虽说是孔隙，可也容得下一只小船进出”这一矛盾点，生动地渗透了事物间的相对观点。再如《鸟的天堂》的作者两次到大榕树下，所见情景截然不同。作者第一天到大榕树下为什么不见一只鸟，而第二天却看到无数只热闹的鸟？要从看似十分对立的两个方面思考问题。一方面从没见一只鸟的安静气氛中，悟到黄昏时鸟在睡觉，大榕树对鸟是多么幽静、舒适、安全；另一方面又从清晨时一片鸟声鸟影的热闹景象中，看出这里的确是鸟活动的乐园，使学生从中学会全面地看问题——的确是鸟的天堂。

这个课例还教给学生“到底是……还是……”矛盾式的思考，这种思考称为“对思”，使学生便于操作，是渗透辩证法、培养辩证思维的有效途径。

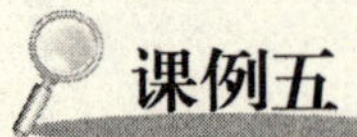

课例五

“一辆大车往往……”是少还是多

下面的这个课例，句子在表述上也颇有哲学色彩。教材有篇课文《赶集》，展现了我国农村赶集的热闹场面，秋天农业丰收，人们喜气洋洋地赶着大车去赶集。为了说明赶集的车多、人多，作者并没有这样写：“赶集的大车非常多，车上都挤着一二十人。”而是用一辆大车去描述：“一辆大车往往挤着一二十人。”

这句中揭示了寓个别于一般之中的辩证关系。向学生渗透哲学思想是个好契机，可如此设计：

环节1：激发矛盾。

读句，想想句子的意思只是赶集的人多吗？从句中哪些词语证明？（不是，除了人多，还说明车也多。从“一辆大车往往……”看出）

环节2：聚焦矛盾。

提问：句子是说一辆大车，为什么证明车很多？（“一辆大车往往……”是说这辆大车是这样，那辆大车也这样，几乎所有大车都这样。作者多次观察大路上赶集的车辆得出的结论）

环节3：解决矛盾。

启发：句中哪个词语说明几乎所有大车都这样？（“往往”集中说明不是一辆大车）

环节4：渗透哲学。

启迪：句中的“一辆”大车实际包含着多少辆大车？（很多辆）。这里的“一辆”还是不是具体的某辆大车？（不是。是许多辆大车的综合。句子渗透了个别与一般的关系，一般寓于典型个别之中）

启　示

个别与一般是常见的哲学概念，个别中有一般，一般通过个别体现。比如，“人”就是一般概念，谁也没有见过一般的“人”，必须通过具体的“张三、李四……”个别人来了解“人”的特征。这个课例就扣住语句中无数个别“一辆”的形成一般“一辆”的认识。这种哲学思想普遍存在于世界的纷繁现象中。在语文教学领域里也表现极多，像语文教材的篇篇课文就是个别语言现象，里面却包含着文章写作的一般规律；学生通过阅读个别的课文，却要学到一般的阅读方法；学生认识个别的一个个汉字，应该掌握汉字的一般结构、识字方法……总之，学语文就要在接触个别语言现象中，掌握普遍的语文规律，形成语文素养，这是必由之路。教师有了这样的认识，沿着这条康庄大道，才能科学、智慧地教好语文。

课例六

从“捞铜牛”联想到“风平浪静”

有一个发人深省的“捞铜牛”的故事。讲的是某地有条大河，河面很宽，河底堆积着厚厚的泥沙。河边有座庙宇，门口两边有两尊很重的铜牛镇守。一年，当地发大水，洪水冲上岸，将两只铜牛卷进河里。洪水过后，人们来到河边，议论着怎样捞铜牛。

一位年青人说：“铜牛非常重，不可能冲很远，就在庙前附近捞，一定能找到。”不少人表示同意。于是，这个年青人立刻跳下水，结果在附近水里摸了半个时辰，也未找到，只好上岸。看来，铜牛不在附近。

一位中年人又出主意：“不能只看到铜牛很重，应该想到洪水的力量更大，铜牛掉到河里，必然被水冲出一定距离。应该到离庙不远的河下游去找才对。”

大家觉得有道理，考虑到铜牛与水的关系。于是这个中年人迅速入水，在庙的下游十米左右处摸来摸去，又是半个时辰过去了，铜牛仍无踪影。他只好水淋淋地爬上岸，疑惑难道铜牛活了不成。

一位老者走上前，慢条斯理地分析道："对了，铜牛确实活了，不过它没有冲到下游，而是跑到上游啦！虽然注意到了铜牛与洪水的联系，可不要忘掉河底还有厚厚的泥沙。你们想想，重铜牛沉入河底，就成了一道墙，挡住了急水流，形成旋涡，冲击着泥沙，逐渐掏空了铜牛下的泥沙，变成空洞，于是铜牛往回滚动一点，接着又一个空洞产生，铜牛又回动一点……所以，应该到庙的上游去找，定能找到。"那个中年人信服地点点头，立刻跳下水，果然在上游的十米处摸到了铜牛。人们佩服老者的智慧。铜牛移动示意图如图 1-4 所示。

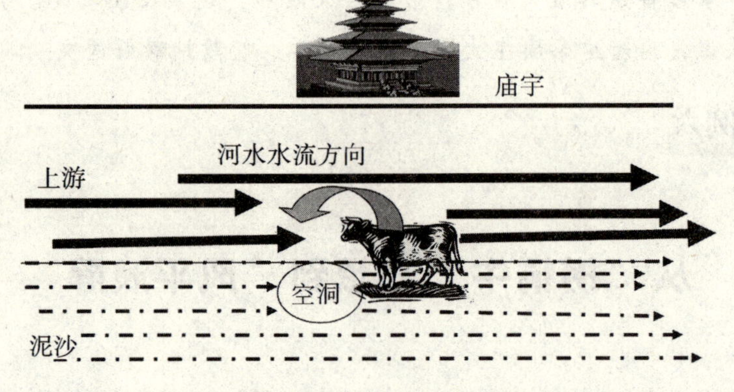

图 1-4　铜牛移动示意图

这个故事生动地告诉我们一个哲学道理，任何事物都不是孤立存在的，都与其他事物相联系，有的联系很明显，有的联系不易觉察。任何事物都在变化中，不会静止不动，只有洞察事物间的内在联系，并用发展变化的眼光分析，准确判断才能实现。那位老者之所以预见准确，就是因为抓住了牛重、水急、沙厚的特点，研究了铜牛、水流、泥沙的关系，分析出水冲牛——牛挡水——水挖沙——牛回滚的动态过程，哲学的思考导向正确判断，捞出了铜牛。

这个哲学故事对语文学科不无指导意义。使我联想到《跳水》一课的教学。

课文叙述一艘轮船在海上航行，水手在甲板上挑逗猴子，猴子很放肆，把一个孩子的帽子抢走，孩子不顾一切追猴子，竟走到轮船桅杆的顶端，命悬一线。最后，船长以开枪吓唬，命令孩子跳水，才转危为安。表现出了船长的机智果断。若想深刻理解船长的临危不乱、观察敏锐、处置果断，必须运用事物间内在联系及变化的哲学观点设计教学。

环节1：明确有联系的事物。

初读课文，文中都写了哪些角色？按照出场顺序列出（甲板水手、猴子、孩子、船长、救人水手）。

环节2：抓事物间的表面联系。

细读课文，按照事情发展顺序，说出这些角色是怎样联系起来的（见图1-5）。

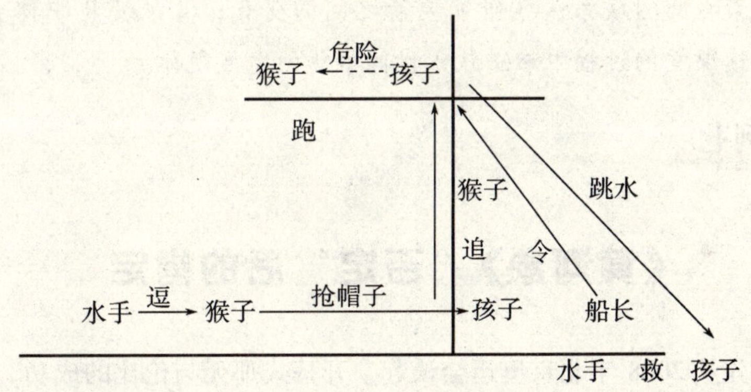

图1-5　示意图

环节3：体会人物品质。

深读课文，思考为什么船长要用开枪吓唬命令孩子跳水的办法救人？用别的办法行吗？船长是怎样的一个人？（只有这个以死相逼的办法才让孩子孤注一掷，勇敢跳水，只有这个办法最简单、快速、安全，船长真是临危不乱、观察敏锐、处置果断）

环节4：洞察事物间的内在联系。

精读课文，先找出文中一个环境词语，对跳水这件事发展的整个过程息息相关。（当学生兴奋地发现“风平浪静”）然后运用“由于有了风平浪静，所以……”句式揭示内在联系。

生：由于有了风平浪静，所以才有水手挑逗猴子的情景。

生：由于有了风平浪静，所以才有孩子到甲板上与猴子玩耍、取笑。

生：由于有了风平浪静，所以孩子才敢爬上，也才能爬上桅杆顶端，危险才会出现。

生：由于有了风平浪静，所以船长才会用逼孩子跳水办法救儿子，否则，即便跳水了，也会被淹死。船长了不起，敏锐观察周围环境与跳水的关系。

启 示

通过上面两个实例，深刻地展现出哲学思考的功力，同时从中悟出怎样运用事物联系及发展的观点设计教学：①抓住事情发展的各个要素；②分析要素之间的联系；③研究要素之间的变化；④从变化中体会中心。学生在解读课文的过程中渗透认识世间事物的发展规律。

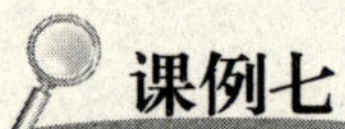
课例七

《黄河象》“否定”后的肯定

我们先从2008年北京奥运会谈起，开幕式那无与伦比的成功，给语文教学以深刻的哲学启迪。成功的奥运会开幕式，表面上看是对艺术的精湛演绎，展示了中国悠久的历史文化。但要确保一个完整、圆满、无纰漏、无意外的演出，演绎的背后离不开导演对开幕式的精密思考——也就是有了一种“否定”的思维，不相信目前状态会万无一失，要假定如果出现了意外，我们该怎么办？从最坏的角度思考，我们才会控制结果，实现肯定的预期效果。

举个实例：开幕式中李宁飞跑在画卷上并精彩点火，让无数人都为之惊叹！但是如此精彩的一幕，导演们会想，那高超的动作难度极大，长时间都要处于倾斜的状态，假如李宁稍有不慎，火炬掉下来怎么办？其实火炬握在李宁手中的同时，上面也吊着一组钢丝，只是这组钢丝比李宁身上

吊的钢丝要细得多，观众很难用肉眼看到。这就保证了万无一失，即便出现了意外，火炬永远都不会掉下去。同样，假如“李宁力气耗尽，举不动火炬了怎么办?”解决方案是：给他制作了一个臂托，这个托不仅可以帮李宁省力，也可以在他体力不支的情况下使其手臂尽力保持高举的姿态。又如，假如“轨道车突然罢工怎么办?”答案是：换工作人员推……这种“否定”的思维，对学生思维模式的培养很有借鉴意义。

这使我联系到课文《黄河象》。课文叙述了科学家根据几百万年的一个古黄河象化石假想它的来历。如果教学仅以肯定的思考方式解读，假想的科学性就黯然失色。这时需要做“否定”思考，即抓住课文某处作出假设，有意将课文做动态变化，运用辩证的转化思维，提出“假如不是这样……”、“这种假想是凭空胡想吗?”等问题，设置对比面，再作对照，文中蕴含的科学妙处即可跃然而出。

可引导学生提出“假如不是这样……”的一些否定，再逐一结合课文比较，得出肯定的结论，见表1-2。

表1-2

否定思考	再否定根据	肯　定
假如黄河象饥饿而死呢?	不对，化石插入泥沙、脚踩砾石就无法解释	黄河象是喝水陷淤泥灌水而死
假如老黄河象被猛兽咬死呢?	不对，发掘时骨架完整就不能自圆其说	
假如黄河象冻僵而死呢?	不对，骨架呈站立的姿式不可能站着冻死	
假如黄河象是头母象?	不对，发现时有象牙，肯定不是母象	
假如这头象称为长江象也可以呀?	不对，发现在甘肃大河旁，是黄河象	

这样不断地自设自否，显露出课文推理严密，科学家的假想有事实、有依据，推测很科学。虽然几种假设是错的，但它是在探索中出现的错误，这不仅成为深刻理解课文的铺路石，而且练就了辩证思维。

启　示

新课标指出“阅读教学是学生、教师、教科书编者、文本之间对话的过程”。课文是静态的语言文字，学生学文应将其进行动态思考，与文本对话。“否定”式就是一种思考动态，进入文中的情境，再根据课文依据再否定，肯定的结论呼之欲出。这种有意做变化的动态思考，是教师做哲学人的思维方式。

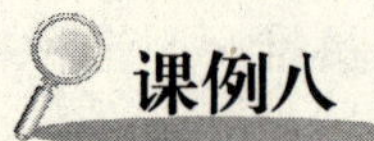

课例八

激起学生思维的矛盾

矛盾运动普遍规律不仅存在客观世界中，而且还存在于人的主观世界中。学生的学习过程从某种意义上就是思维矛盾运动的过程。只有头脑中产生矛盾的冲突引起心理上的不平衡时，才能积极思考，方能出现恢复心理平衡的要求，高效的学习才能运行。正是这种心理需求，才促使学生积极获取知识、增长才干。好的教师会创设思想“打架”的矛盾情境，甚至尖锐的冲突，课堂上波澜起伏，收效显著。

一次，我与一位青年教师备课，准备执教的课文是《我的伯父鲁迅先生》。第一段主要叙述鲁迅先生受到人们爱戴。如何解释重点词语“爱戴”，我帮助这位老师设计了激起学生思维矛盾的教学环节。正式上课后，引人入胜，效果不错。下面就是课堂的实录：

师：你们知道“爱戴”是什么意思吗？

生：“爱戴”是对一个人很“喜欢”。

师：那你很喜欢邻居的小弟弟，可以说“爱戴”吗？

生：不行，小弟弟只能是“可爱”，值得“爱戴”的人必须有突出的成绩。

师：照这样说，我班的杨丽同学是全市的三好学生，她的成绩突出，你对说她“爱戴”行吗？

生：也不行，只能说“喜爱”。“爱戴”必须是对长辈的喜爱，她不是长辈。

师：噢！你们都很喜欢自己的妈妈，可以说“爱戴”了吧？

生：还不行，只能说“亲爱”，“爱戴”有“敬爱”的意思。

师：对极了！那你们说什么是“爱戴”？

生：“爱戴”是晚辈对有突出成就的长辈的敬爱。

师：所以“爱戴”不是一般的喜爱，是敬爱并衷心拥护的意思。不能用于平级、平辈，通常表示下级对上级，晚辈对长辈的态度。

此时教师讲的是雪中送炭，学生听后顿开茅塞。准确理解了词意，更重要的是，在理解的过程中，区别了“喜欢”、“喜爱”、“可爱”、“亲爱”、“敬爱”一组近义词，概念训练寓于其中。

又有一次，我指导一位青年教师备《陶罐和铁罐》一课，其中理解“奚落”一词是个重点。开始，老师设计的教学环节只是让学生按自己的理解说说“奚落”是什么意思。我们估计学生会说出“挖苦人”“嘲笑人”“批评人”一些不太准确的理解。看来这样的设计不能训练学生准确理解词语的能力，只能是走过场而已。于是，我帮助教师重新设计了下面的连锁训练题：

1. 请同学们连续选择“奚落”的意思：

①选“奚落”的行为：(1) 动作 (2) 说话 (√)

②选“奚落”的对象：(1) 说别人 (√) (2) 说自己

③选“奚落”说别人什么：(1) 说长处 (2) 说短处 (√)

④选“奚落”怎样说别人短处：(1) 尖刻地说 (√) (2) 友善地说

2. 将上面正确选择的要点填空，概括“奚落”的意思：

(尖刻) 地说 (别) 人的 (短) 处。

正式上课，学生从中挖掘出“奚落”一词中的几个义素，并练习概括，准确解释，与词典的解释几乎一样。效果非常好，受到听课老师的一致好评。

启　示

这两个教学片断，教师并没有直接拿出词典的解释，“爱戴”专指是尊敬并衷心拥护的意思。“奚落”是尖刻地说别人的短处。都未让学生死记，而是从学生的认识出发，有意设置对立面，犹如一石激起千层浪，挑起学生思维上的矛盾，顺着学生的思路，几次设置对立面，促使学生在对立概念中选择，或者不断否定自己的看法，每一次否定、肯定就接近真理一步，最后达到对词语的准确理解。同时，明白了任何词语都有自己的适用条件及范围，都有其特殊性。试做以下矛盾分析，如图1-6所示。

生　　　　“爱戴”　　　　师

爱戴是喜爱 ⟶ 第一次矛盾 ⟵ 称小弟弟

有突出成就 ⟶ 第二次矛盾 ⟵ 称市三好生

晚辈对长辈 ⟶ 第三次矛盾 ⟵ 称妈妈

敬爱拥护

在矛盾运动中理解“奚落”

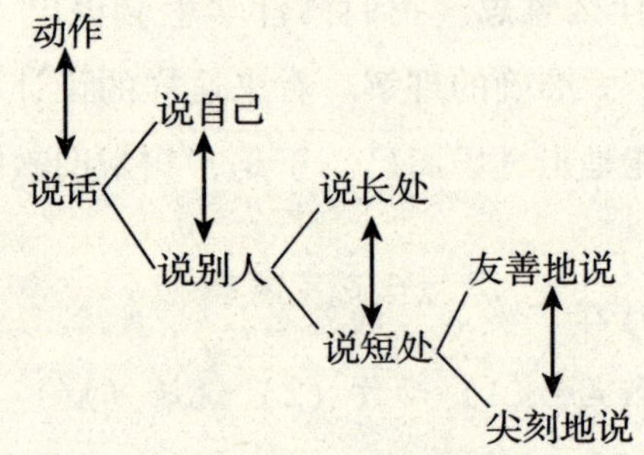

图1-6　矛盾分析

教师遵循了思维矛盾运动的规律，激起学生头脑的波澜，抓住学生不断求通的契机，扣住词语内的义素，学生在不断否定、肯定中，思得专心，豁然开朗。对词语概念有了准确的理解。久而久之，滴水穿石，学生的辩证思维习惯也就逐渐养成了。

第二章

教师要做点燃创新精神的火炬手

☞ 国家中长期教育改革和发展规划纲要指出：着力提高学生的学习能力、实践能力和创新能力。

☞ 小学语文新课程标准：重视培养学生的创新精神和实践能力。

善学时珍尝百草，
人有我优争赶超。
点燃接力火炬棒，
创新高峰回眸招。

课例一

赵老师的性别还用猜吗

创新精神的培养要善于打破常规，引起学生思维的“战争”。要想激发学生思维的碰撞，就要打破思维的平衡，犹如一石激起千层浪。教师就要投石问路，石子要出乎学生的意料，激起学生的兴趣，挑战才能成功。举一个有趣的课例：一次，为了培养学生的创造性联想力，课上我向学生提出一个出乎意料的问题。教学片断如下：

师：同学们，你们知道我的性别吗？

生：（大笑，意思是没必要问，一看便知）。

师：我知道你们会说“男”，但不许说“男”。

生：您也不是“女”的。（众笑）

师：当然了，现在要求你们不许说“男”字，也不许说“女”的反义词。用其他的表达，让别人也能猜出我的性别。

生：老师的性别很简单，一看就知道，可不让说那个字，这个字上下结构，上面是“田”下面是“力”，合起来打一个字。猜猜？

师：用字谜，可以。但不说出这个字，还是围绕这个字。能不能离开“男”来说。

生：老师的性别和我爸爸一样。

师：好！这就是联想的好处。由赵老师联想到他的父亲。还有吗？

生：老师您回到家里，儿子准叫您：“爹。”

生：您的老伴称您“老公”。

生：老师留着胡子。

师：这是直接看到的，你是怎么联想的？

生：只有老师的那个性别才留胡子。

师：将胡须与性别联系起来了。谁还有？

生：老师夏天从来不穿裙子。

生：您不会梳辫子吧。

生：您进的厕所里有小便池。（笑）

生：老师如果要出家，只能当和尚。（笑）

师：你们说得都很好。再提个新要求，能反着说吗？

生：老师如果要出家，不能当尼姑。

生：老师夏天要是穿裙子就错了。

师：有新的例子吗？

生：老师回到家，您的孙子不会叫您“奶奶”。

生：夏天，常穿裙子的绝不是您。

师：好！由此及彼的联想、反方向的联想多有用。

启 示

创新精神乃智慧与人格的统一，在人格上要战胜三大敌人：畏惧、自

卑、懒惰。这个课例告诉我们，学生创新精神的培养应具有挑战性，这样利于战胜三大敌人。所以要做到：一要突破常规，因为惯性往往是创新的绊脚石，就像性别一看便知那样，需要踢开绊脚石；二是制造障碍，就像不允许直接说“男”字那样，激起波澜，不惧难题，勇攀险峰。

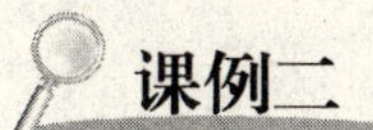

课例二

白纸并不是白色的

我在启发学生学会多角度用多种器官协同观察的方法时，上了这样一节课。教学片断如下：

一次，我上作文课，进行现场观察一张纸的训练。我发给每个孩子一张白纸（一张B5纸被裁成4份的无字纸）。

师：同学们，观察每人手里的这张纸，说说这张纸是什么颜色？

生：（观察后迅速齐答）一张白色纸。

（学生的发言在预料之中，看来学生不会观察，于是……）

师：（制造冲突悬念）我已经观察过了，结论是纸并不只是白色的。

生：（一句话激起学生疑惑，连忙再仔细看看，非常肯定）就是白色的。

师：你们有什么疑问？

生：明明是白色，为什么不白呢？

生：那纸是什么颜色？您是怎么看出的不白？

师：现在你们看我是怎么观察的。（我拿起纸，先俯视，再举纸仰视）

生：（聚精会神地看）。

师：下面，你们也学着我的样子观察，看看纸是不是不白色？

生：（模仿后）低头看是白色的，仰视看真的不白了，里面有灰色絮样的东西。

师：对了，告诉你们，那是纸浆的痕迹。想一想，为什么你们与我看到的不一样？

生：要从不同角度进行观察。

师：（经过实践，学生发现了观察的盲点）看来，有双好眼睛但不懂观察方法，眼睛依然会骗你，看不到事物的真相。

接着，我带领孩子们继续“审问”想想这张纸的特点。

手：用手摸纸面（纸光滑）。

手：用手掂掂纸（纸很轻）。

耳：用手抖纸（听哗哗声，纸很新）。

嘴：用嘴吹纸（听哗哗声纸，纸较薄）。

鼻：用鼻嗅纸（有清香，我事先在纸上喷了点香水）。

然后学生谈体会——要用多种器官协同观察，多角度观察，才能得出准确、全面、深入的结论，才能写出生动具体的文章。最后，布置习作情境练习，自选一题，带着问题仔细观察这张纸，写一段话。

（1）我问小刚：“你用什么观察这张纸？”小刚立刻回答：“用眼睛看。”你认为对吗？写一段话说服小刚。

（2）我问小芳：“你面前的这张纸是什么颜色的？”小芳看了看说：“当然是白色的。”你认为呢？写一段话帮帮小芳。

（3）我问小杰：“观察这张纸能用耳朵吗？”同学们异口同声：“不能。”你认为可以吗？写一段话说服小杰。

（4）我问小兰：“观察这张纸需要用脑想吗？”小兰说：“需要。但我不会边观察边想什么？”你能告诉她吗？写一段话。

启示

回顾这个教学片断，针对学生创新的盲点——多角度观察，我提问：这张纸什么颜色？学生不约而同地回答“白色”，其实这是武断的错误。我说这张纸不完全是白色，学生不相信，急切地寻求办法，于是让他们看我怎么观察，我对照灯光仰视纸的内部，有灰色的纸浆痕迹。学生也按照这种办法观察，果然发现纸有灰絮，从而发现不同角度观察的方法，才能得出正确结论，只平视是不全面的。接着，继续用多种器官协同观察纸，获得更多纸的特点。

课例三

“我快乐”也可以写别人

思维水平的提高，对学生作文的创新具有根本、持续、扩散的功能，往往会一通百通。教师应在训练作文的同时，重视创新思维的培养。一次，我在上一节以《我快乐》为题的作文指导课，目的是在审题、选材中培养逆向思维，设置了以下几个环节。

（一）激趣味，设铺垫，悟逆向思维

1. 抢答反义词

师引说：上（下）左（右）长（短）老（小）高（矮）笑（哭）爱（恨）成功（失败）奖励（惩罚）快乐（悲痛）。

2. 练说话

让学生发现我身上的反义词（师可先引说，后学练说）。

- 眉毛长——头发短。
- 头上有白发——头上也有黑发。
- 上身穿——下身……
- 右手拿着粉笔——左手……
- 年纪老——精神年轻。

3. 悟逆向思考

做反义动作游戏：坐下（起立）起立（坐下）举右手（举左手）不放下（放下手）向后看（向前看）趴下（坐好）叫赵老师（不叫）。学生思考：当老师发出口令后，你想什么？（逆向）

4. 看图画，练逆向

出示一幅图画，看看它像什么？运用逆向思维看谁能说出几个答案。

像“问号”和“鸟展翅”（白到黑的逆向）。

像“海豹顶球”（倒过来逆向）。

（二）练作文开题，用逆向

有了上面的铺垫，于是我出示了作文题《我快乐》。

1. 用“逆向”训练题中“快乐”的选材

问学生“快乐”的意思。（感到幸福或满意）。启发快乐的角度，说说什么事使你快乐？启发逆向思维开题选材（如从成功的快乐逆向，失败也有快乐；从获取的快乐逆向，奉献更是快乐；从团聚的快乐逆向，分离也是快乐……）。后口头填空，练逆向：

母亲给我过生日很快乐——（我给母亲过生日很快乐）

老师教我很快乐——（我听老师教很快乐）

运动会我跑了第一名很快乐——（运动会我跑了最后一名很快乐）

同学帮我解难题很快乐——（我帮同学解难题很快乐）

我春节得到压岁钱很快乐——（我捐压岁钱给贫困的小朋友很快乐）

最后练习：每人运用逆向思考，写选材，用几句话写我快乐的一个材料。

2. 用“逆向”，练文题《我快乐》中“我”选材

学生审“我”题应写什么？（都说写自己），针对学生回答，我适时展示三篇短文，发现是否可以写别的。

（1）我是自动铅笔，长得可漂亮了！身材又高又瘦，穿一件黑色礼服，头戴一顶银白色的礼帽，在阳光下闪闪发光。笔芯从笔头上露出来，不必用刀削铅笔，小主人可喜欢我了。如果写错了，摘下礼帽，一块绿色的圆橡皮会主动出来帮助。我能为小主人做贡献，很快乐。

（2）我忽然觉得自己就是一朵荷花，穿着雪白的衣裳，站在阳光里，一阵微风吹来，我就翩翩起舞，雪白的衣裳随风飘动。风过了，我停止舞蹈，高兴地站在那儿。蜻蜓飞过来，告诉我清早飞行的快乐；鱼在脚下游，告诉我昨夜做的好梦。

（3）我是汶川地震灾区的小学生。突如其来的强震把我埋在楼板下，透过缝隙，我喊出坚强的声音。当我被及时赶来救助的武警叔叔抱出时，证明坚强就是生命，坚持就是胜利，我笑了。

学生阅读后，认识上有了180°的转变，只要将任何事物当成“我”，

完全可以写别的人或物，认识到用逆向思维打开了思路，选材更加广泛，可写的东西太多了。这时学生已尝到逆向思维的甜头，练习选材就顺理成章了。

启示

作文应是“意在笔先，想在笔先”，训练作文也要重视思维启迪。逆向思维是创造性思维的重要部分。学生作文常见千篇一律的文章，原因之一是逆向思维的缺失。这个课例就以很平常的作文题《我快乐》，通过游戏活动引发学生发现，然后运用逆向思维开题，打开选材的思路，独具个性、五彩缤纷的作文顺势而出。

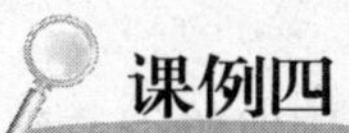
课例四

“我能行”写“我不行”行吗

这是我给作文培训班的小学员上的一节课，与上面的课例异曲同工。目的是通过作文审题中要开题，培养学生的创新精神。我出示了作文题《我能行》，要求用一两件事叙述。

师：小学员们，今天我们上一节作文课，先来看看作文题《我能行》，(板书) 齐读。

生：我能行

师：拿到一道作文题，第一步做什么？

生：审题。

师：对。题目中有三个字，谁来分别审审每个字的意思，说说题目要求应该写什么。

生：我审“我”，就是作文必须写自己的事，不能写别人。

生：我审“能”，意思是有能力、有水平。

生：我审“行”，行就是办事成功，不失败。

师：好吧，这是大家的理解。(板书学生的理解，如图 2-1 所示)

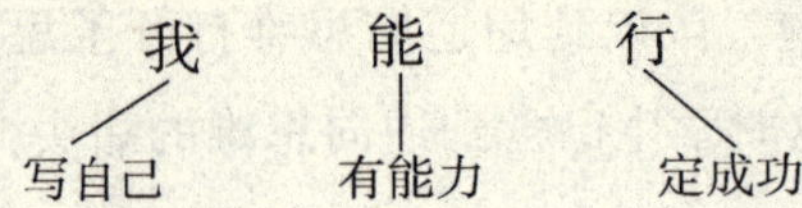

图2-1　板书

师：你们的意思是，如果写别人、没能力、不成功的事，就跑题了，不符合题目的范围，是吗？

生：（齐答）是！

根据学生的对题目的认识，只有写自己有能力水平，并能取得成功的事，才符合题意，写别人、没能力、不成功的事就跑题了。这种理解似乎很正确。其实，从创新的角度看，是否有些绝对呢？于是我展示了一篇短文，引发学生思考，这篇文跑题了吗？

师：有一个学生写了下面一篇《我能行》的作文，根据你们的审题理解，谈谈看法。（出示作文）

我能行

一天，我正在玩，爸爸叫我："儿子，替我办件事，把这封信寄出去。你知道怎么寄吗？"我胸有成竹地说："知道，我能行！"说完，从爸爸手里接过信，飞也似地跑向邮局。

来到邮局的柜台前，冲着服务员说："阿姨，请买一张八毛钱的邮票。"接过邮票，在桌子上熟练地贴上邮票、粘住信口、塞进信筒，任务完成。

第二天，家门口传来邮递员的喊声："来信了。"我接过信递给了爸爸，爸爸很高兴地夸道："这么快就回信了，儿子真能行！"可他仔细一看，原来是昨天寄出的信退回来了，上面贴有一张纸条，写着"邮资不够。"爸爸明白了，把我叫到面前，问："你寄信时买了多少钱的邮票？"

我说："八毛。"

"你看没看，信是寄往哪儿的？"爸爸追问到。

"没看。"

"是寄往黑龙江省的。"

"你知道寄往外省需要多钱邮票吗？"

“不知道。”

“告诉你，需要一元二角的邮票。”

“怎么这样不认真，总说‘我能行’可不行呀！”

我羞愧地低下头，心想：我老说“我能行、我能行”，没有知识，办事不认真，还真不行！

大家读完作文开始讨论。

生：（大部分）这篇作文跑题了，虽然写了自己，但寄信贴多少钱邮票都不懂，没能力，不认真，事情失败，不成功。

生：（少部分）摇摇头。

师：看来，同学们有不同意见。说说吧。

生：我觉得好像不跑题。

师：为什么？怎么不跑题？

生：（认识有了转变）“我能行”是这个孩子常说的一句话，与题目要求符合。

生：他把题目看成人物的语言，就切题了。

生：他写了我不行的事，可最后明白了怎样做到我能行，符合题意。

师：好极了！同学们，只要将“我能行”当成人物的口头禅，写不能、不成功都行，甚至写别人也可以。大家再审作文题有什么新的体会？

生：要多角度审题。

师：是呀！审题不能只审不该写什么，达到切题，不跑题，更要打开思路，审出可以写什么，从另角度开题求新。（板书，如图 2-2 所示）

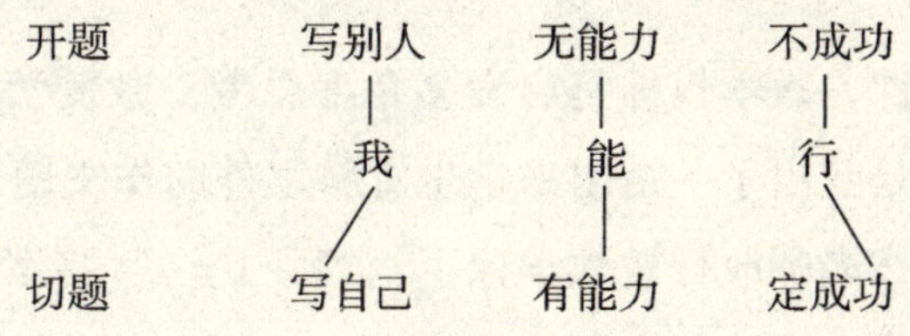

图 2-2

师：好，我们再来练练开题，看下面一道作文题《我的妈妈》（板书如下）。

题目要求写自己的妈妈。谁能结合自己的实际，打开思路，换角度开题？

生：我写班主任刘老师，她像妈妈一样无微不至地关心我。

生：我写爸爸。妈妈出差了，这几天只有爸爸和我一起生活，爸爸像妈妈那样照顾我。

生：我曾经拍过电影，影片中王阿姨扮演我的妈妈，她对我特别好，像妈妈一样。我就写影片中的妈妈。

师：我很高兴，大家已经初步学会开题了。这样作文的题材更广泛了。

启 示

作文的创新可从多方面入手，审题就是一个突破口。一道作文题既有需要限制的要求，也有不限制的空间，如果将“我能行”看成第一人称，只能写自己；如果看成第三人称，那么写谁都可以；如果正面思考，“我能行”必须写能成功的事，假如当成人的一句话，那写不成功的教训也不错。所以，审题既要切题，又要引导学生多角度开题。这是教师作文教学需要提倡的基本功。

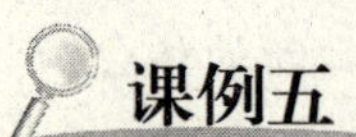

课例五

数学题“1+1=?”的习作

一次上作文课，教学目标是启发多角度思考，激发学生的想象力，训练创新作文，于是我出了一道出乎学生意料之外的作文题《1+1=?》。学生疑惑不解，怎么老师改行教数学课了？“1+1=?”答案太简单了！不就是2吗？如果是作文题，怎么写？这一连串的疑问，激起了学生的浓厚兴趣。我顺势启发：在数学中是“1+1=2”，但在人生中却有不同的答案（可能会大于等于2，也可能会小于等于2），将人生的故事写下来，此题就可以写成作文。作文要求是：以“1+1=?”为题，请你用生活中的真

人真事，或发挥想象，以故事、童话、寓言等形式进行写作。

为了打开思路，激发学生的想象力，我假设了若干生活情境，引导学生说出答案。

（1）父亲和母亲建立一个家后，生下了你（1+1=3或1+1=1）。

（2）奥运会摔跤决赛，一位选手打败了对手，获得冠军（1+1=1）。

（3）抗日战争中，一位八路军战士在一次战斗中英勇地与一个鬼子同归于尽（1+1=0）。

（4）科学家经过多年的研究探索，将普通苹果与香蕉杂交，终于创造出香蕉苹果，味道既香又甜，更加好吃（1+1>2）。

（5）我到水族商店买了一对热带鱼，放在鱼缸里。雌鱼自由自在、大摇大摆地在水中游动，雄鱼甩动着漂亮的尾巴紧随其后，形影不离。我每天放学后都要观赏一番。一天，我发现雌鱼的肚子胀大，后面有一块黑，像是得了病，急忙叫来妈妈。妈妈一看，笑笑说："孩子，是雌鱼要生小鱼了。"我赶忙仔细观察雌鱼。果然，它趴在水底不动了，不一会儿，从它的肚子下就出现了几条芝麻粒的小鱼。接着，越来越多，竟然有45条。我情不自禁惊叹："它的繁殖力太强了！真是了不起的一条鱼啊！"（1+1=47）。

有了上面的铺垫，接着引导学生审文题，摸到规律，如图2-3所示。

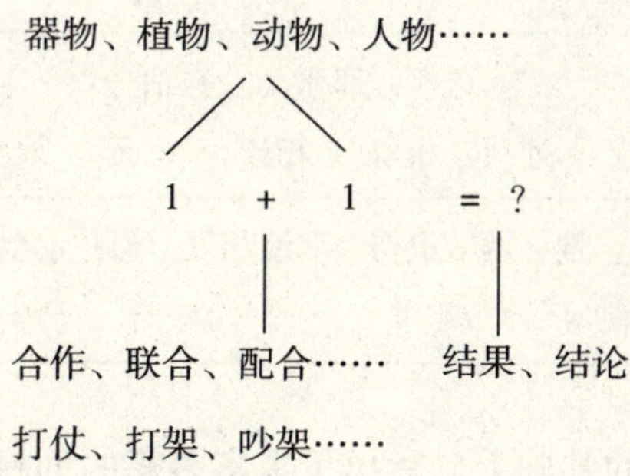

图2-3　审题

学生已经兴趣倍增，跃跃欲试，于是我亮出了给成语"鹬蚌相争"写篇新的想象作文。

1+1=（?）——“鹬蚌相争”新篇

一个河蚌刚刚张开壳晒太阳，一只鹬看见了，就用嘴啄住了它的肉。河蚌急忙合上蚌壳，紧紧夹住鹬的嘴。双方互不相让，谁也不肯放开。

____

____

____

为了训练学生多角度思考，启发补题，简说想象过程。

- 鹬蚌的结局怎样？都死去1+1=0；只活一个1+1=1；都活着1+1≥2。
- 鹬蚌结局的原因？　争死　舍己　相让
　　　　　　　　　　咬死　鹬跑　劝说
- 渔夫可以怎么办？　食物　养蚌　放生

根据上面的创新角度，自选习作提纲（在选中处画√），见表2-1。

表2-1　习作提纲

补题	1+1=（　）
数字符号	内容
1	鹬
1	蚌
+　=?	选择：都死（　）活一（　）都活（　） 连线：相争　相让　舍己　放生　劝说　……
体会	选：两败俱伤　和睦相处　保护动物　团结是力量…… （　）　（　）　（　）　（　）

学生在自主构思的基础上，写出了丰富多彩的创新作文。

启　示

作文题的创新，会点燃学生创新的欲望。呆板俗气、大而空、司空见惯的作文题，学生见了倒胃口，不愿意写。而新鲜的、新奇的、离奇的作

文题往往会调动学生的好奇心，激发学生的习作兴趣，正如“1+1=?”的数学题移入作文、引入生活、想象情境，多角度思考，弘扬了创新精神。

平时教学的有些作文题不妨在不改变要求及内容的基础上，改变题目的形式，增添新鲜感、创意感，学生一见就跃跃欲试。对平时的俗题，就可以动个小手术，激发创新：

原题	变式题		
记一次运动会	有趣的开幕式　冲刺线上	我在比赛中	最后一名
介绍自己	哈哈，我这个人	哎呀，我这个人	
写春天	春天的颜色　春姑娘来了	冬爷爷休息了	
我做一件有意义的事	这件事我做对了	这件事我做错了	
一个令我敬佩的人	他特别好	我从心里感谢他	
再见了，母校	我给母校一份礼	十年后的母校	

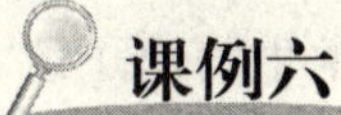

课例六

写龟兔的“第N次”赛跑

“龟兔赛跑”的故事家喻户晓。乌龟在河边爬来爬去，兔子问他：“你在干什么?”乌龟说：“我在跑步。”兔子听了哈哈大笑，说：“你也会跑步？我们比一比，看谁先跑到那棵大树下。”乌龟说：“好，比就比。”

兔子跑到半路上，回头一看，乌龟落得老远老远。它想，睡一觉再跑也不晚。不一会儿，兔子就睡着了。乌龟向着大树爬去，一刻也不停步。

兔子醒来，以为乌龟还在后面。它慢慢地跑到大树下，没想到乌龟早在那里了。

一天，我突发奇想，龟兔赛跑后，兔子能甘心吗？既然是比赛，三局两胜才对。将这个想法移到作文训练中，不是很好的创新作文吗？于是设计了续编故事，让龟兔继续比赛的创新作文，提出续写的两项要求：

1. 要连续

续写内容要与原文有联系，应接得上才行（人物有乌龟和小兔，事情是赛跑）。

2. 要发展

在联系的基础上必须发展，发展内容是原文没有的，龟兔赛跑的故事怎样发展呢？比赛的结果要与第一次不同。

发动学生打开思路，启发从不同角度大胆求异：

（1）从内容情节上想：第二、三次赛跑的结果可以乌龟继续赢，也可以让兔子取得胜利，还可以它们不分胜负……

（2）从思想感情上想：假如兔子取得了胜利，原因也会不同。可以是兔子自己吸取了教训，也可以是乌龟耐心帮助的结果，还可以是其他动物的启发……

（3）从语言表达上想：可在结构、用词、造句等各方面创新。

学生真是八仙过海、各显其能，潜智充分发挥。有位同学生写出了续写文《龟兔第二次赛跑》。

龟兔第二次赛跑

自龟兔赛跑后，兔子一直忐忑不安。它想，都怪自己太骄傲自满，结果连乌龟都没赛过。为了洗刷兔家族的这次耻辱，兔子决定向乌龟挑战，进行第二次比赛。

第二天早上，阳光洒满大地，龟兔第二次赛跑开始了，森林中的动物们都来观看。发令枪一响，龟兔一起冲了出去。观众们一齐欢呼起来。乌龟满以为兔子还会睡大觉，自己是绝对的赢家，不必费力。它竟然从兜里掏出口香糖吃了起来，一边吃一边观赏路边的景色。路边的野花多美呀！乌龟不时向后望望，兔子一定在睡大觉，不信你看，我连它的影子都看不见。

其实兔子早就跑到乌龟前面去了。这时兔子心想："我一定要取胜，为我们兔家族洗刷耻辱。我要改正上次的大过失，不能骄傲了。"它一点都不敢停下来，飞快地向前跑去，汗水哗哗地向下流，脸变得赤红，奋力摆臂，脚下如腾云驾雾一般，路旁的一棵棵大树闪电般地向后倒去。一不小

心，兔子跌倒了，腿上破了一个口子，鲜血一滴滴地向下流，但它全然不顾，猛跑不停。

兔子终于获得了冠军，乌龟十分难过。

还有的学生继续写出了《龟兔第三次赛跑》

龟兔第三次赛跑

自龟兔第二次赛跑后，乌龟不服，都怪自己大意了，满以为兔子还会睡大觉，结果让兔子取得胜利。乌龟决定向兔子挑战，进行第三次比赛。

这天早上，阳光洒满大地，龟兔第三次赛跑开始了，森林中的动物们又都来观看。发令枪一响，龟兔一起拼命冲了出去，观众们也一齐欢呼起来。当然兔子跑得飞快，不顾观赏路边的景色，一下子将乌龟甩在后面很远。乌龟也使足力气猛爬，但毕竟能力有限，与兔子的距离越落越远。

兔子跑了一阵，不时回头向后望望乌龟，见它满头大汗，非常吃力，很是心疼。它心想：乌龟与我比赛跑本身就不公平，我赢它理所当然。于是，兔子停了下来，等乌龟爬到眼前，关心地说："乌龟大哥，你太累了，来，你咬住我的尾巴，我拉着你一起跑！"不容乌龟推让，定要这样做。赛场上出现了兔子拉乌龟的感动场面。兔子紧蹬前腿，卖力前进，累得气喘吁吁。乌龟看在眼里，过意不去，松开嘴，急切地说："兔子妹妹，我又重又笨，不要再拉了。干脆，你坐在我的背上，我驮着你走。"兔子谦让了半天，只好跳到乌龟的背上。赛场上又出现了乌龟驮兔子前行的场面。就这样，乌龟、兔子同时到达了终点，观众们一齐为团结协作、相互关爱的精神欢呼起来。

兔子、乌龟获得了极高荣誉——并列冠军。

启　示

创新作文的题材是十分丰富的，既可以在现代生活中寻找，也可以从传统故事中挖掘，家喻户晓的"龟兔赛跑"就是例证。像寓言"守株待兔"、"买椟还珠"、"鹬蚌相争"……都可以设计续写。只要教师有创新意识，创新作文大有用武之地。

课例七

为什么他连中三元

这是20世纪80年代的事，那时北京市教育局每年都举办北京市小学生作文比赛。我作为辅导教师，每年都为参加作文比赛的小选手进行培训。我清楚地记得，崇文区同乐小学的一名学生，从四年级到六年级连续三年都做为选手参赛，而且均获得一、二等奖，十分了得。

他参加第一届比赛的赛题是《我的妈妈》，他获奖的作品写的是像亲生妈妈一样的后妈。第二届赛题是《我的爸爸》，他获奖的作文写了爸爸在他的帮助下戒烟。第三届赛题是《我的老师》，由于他以系列日记的新颖形式写出了对新来的赵老师认识的变化，荣获市奖。下面就是这篇作文。

我的老师

×月×日　晴

今天，我第一次在这个新班级里上课。铃刚响过，进来的是一个又瘦又矮的老太太。一张苍白的脸上满是皱纹，前额突起，几乎没有鼻梁，再戴上一副黑边老花镜，让人看了真不舒服！这就是我们的班主任。

她到底怎么样？我得留点儿神。

×月×日　阴

这个赵老师教我们语文课。课讲得好坏先不说，只觉得她老盯着我。我可不愿意让别人管我。

我有个坏毛病，上课手里不玩儿东西就受不了！写作业为了省事儿，我就“偷工减料”，把笔画多、难写的字用笔画少、好写的字去充数。这样，放学后，她总是把我一个人留下给我补课，还看着我把作业补齐后才走。

今天，我在放学站队的时候偷偷溜走。可气的是，她还追到我家让我补写。我真恨她！瞧着，不定哪天，我非气气她不可。

×月×日　风

今天到底当着同学的面儿，我气了她！我发现她这几天没戴表，下课铃刚响，趁同学还没出去，我故意问她时间：

“赵老师，现在几点啦?”

“不知道。你到传达室去看一下。”

嘿，她倒不在乎。我接着气她：

“您没表啦!”。

“我的表坏了，还没送去修理。”

“买一块好的呀!”我怪声怪调地说。她忽然放下判作业的笔，抬头看了我半天。同学们都鸦雀无声了。当我看到她那不自在的样儿，觉得出了口气。

可事后，心里又觉得有点儿不踏实。整整一个下午，我都躲着她。

×月×日　阴

今天课间活动的时候，听见刘玉同学问老师：“赵老师，潘凯同学身上怎么有一股味儿呀?”后来，赵老师走到我身边小声地跟我说：“你回去洗洗衬衣。”我当时真难为情，不由地说了实话：“我没有……”听了我的话，赵老师一楞。她凑近我耳边说：“今天下午，你到我家来一趟。”

快到天黑的时候，我才硬着头皮来到她家。她把我拉到床边坐下，亲切地问：“是不是妈妈没工作?”我告诉她：“妈妈在我五岁的时候去世了，爸爸落实政策后，刚从农村回来……”听了我的话，她又是一楞，但什么也没说，只让我脱下袖口露棉花的棉袄，给我披上她的大衣。她把我的棉袄袖剪去一截，换了两块新布，絮上新棉花。灯下，她那粗糙的右手忽上忽下地拽着线缝着；她那皱褶的脸庞是那么清晰、干瘦；她那眼神又是那么慈爱、动人！当时，眼前的情景，我好像曾经经历过……记得妈妈当初的神情就是这样！

晚饭的时候，赵老师把我按在饭桌旁。她给我做的是饺子，可她一家人准备吃的却是煮切面。她笑着说：“你先吃吧，别不好意思。”

当时，我的鼻子一酸，只觉得喉咙里好像堵住了，在她的“强迫”下，我把饺子和眼泪一起咽了下去。

临走，她拿出一件红色的新衬衣，嘱咐我说：“这回你要勤洗勤换。”

她又指着一摞还没打开包的新书，语重心长地说："这些课外书很有意思，你认真看看，看完告诉我，你最感兴趣的是什么？"

我双手接过这两样东西，想说点儿什么，却什么也没说出来。她把我送出门外，提醒我一路小心车……

×月×日　晴

今天，期末考试成绩出来了。赵老师站在讲台上给全班念分数，我焦急地等着！因为这几个月，我不但专心听讲，而且也认真写作业了，特别是临近考试前几周，我连电视都没看。

当念到我名字的时候，赵老师抬起头看着我，然后意味深长地念出："潘凯——九十九点五分！"立刻，同学们都看着我，我的心跳得厉害极了！我觉得脸和耳朵都发热。我尝到了听老师话的甜头。我发现赵老师的眼睛正在看着我，她目光是那么慈祥！这目光，我曾经历过……

我冲着赵老师笑了，这是我打心眼儿里发出的笑，笑着，笑着，热泪再也止不住了……

每当我翻看这几篇日记时，又不由地拿出老师给我补过的棉袄和那件洗干净的衬衣。虽然，去年落实政策，国家又补发给爸爸很多钱，家里的生活已经是应有尽有了，但这几样东西，我要永远珍藏着，因为只要我看到它，总会想起我曾经历过的……

这个学生就要离开小学，迈入中学的大门。我觉得这个孩子很有创新精神，就特意到学校采访他。这是一个小个子、带着眼镜、一副小学究样子的孩子。我与他进行了下面的交谈。

师：首先祝贺你连续三年作文比赛获奖。

生：谢谢老师。

师：今天，我想知道你为什么在作文比赛中总能获奖？

生：是您辅导得好。

师：这只是外因。几十名同学参赛，我都一起辅导，为什么只有部分的选手获奖。关键在内因。这样吧，咱们具体谈谈。

生：您问吧。

师：比如，第二届赛题《我的爸爸》，当你看到这个赛题，你第一步

做什么？

生：我逐字认真审题，这道题是写人的文章，主要写爸爸。题目是《我的爸爸》不是《爸爸》，不能只写爸爸，文章要与我有联系，要表达我的感情。

师：不错！你审出了表面意思，还审出了我与爸爸的内在联系，你还进行了文题比较。那第二步呢？

生：我想想爸爸给我印象深的有哪些特点，工作优秀、对我严格、照顾妈妈、生活简朴、抽烟厉害……

师：对！仔细回忆有哪些材料可写。下面是不是想自己要写的材料？

生：不，老师，我这时要想别人可能要写什么？

师：有意思！比赛时间多么宝贵，不赶快想自己，为什么你还要想别人？

生：因为比赛要争先，你和别人一样，都写差不多的内容，不容易比别人写得好。别人不写的、想不到的，我就写，容易出成绩。

师：真有竞争意识！有创新！具体说说你怎么想别人的？

生：我想，别人看到《我的爸爸》这个题目，一定会选父亲的优点。我不选优点，就选爸爸的缺点——抽烟厉害，爸爸在我的帮助下戒烟。

师：角度新，人无我有！第三届赛题《我的老师》，你又是怎么想别人的？

生：别人写《我的老师》，一定是写自己最熟悉、最喜欢的老师。通过一两件事，突出一个特点，我就写不熟悉的老师，开始不喜欢她，逐渐喜爱她。别人会写叙事文，我就写日记。

师：以系列日记的新颖形式写出了对新来的赵老师认识的变化，独特而新颖！希望你在中学继续努力，将来成为出色的文学家！

生：谢谢您的鼓励。

启　示

虽然这是个例，却揭示了创新作文的规律。之所以这个孩子能在竞赛中连中三元，就在于知己还要知彼。你写优点，我写缺点；你写熟悉的，我写新来的；你写记叙文，我写应用文……真正做到“人无我有、人有我变”，这种勇于争先的精神，多向思维方式，难能可贵！当然，这必须在自己占有丰富材料的基础上才能实现。教师应在作文教学实践中培养这种创新，扭转千人一腔、千人一面、千篇一律的写雷同文的现象。

第三章

教师要做教书育人的园丁

☞ 国家中长期教育改革和发展规划纲要指出：坚持德育为先。育人为本。做学生健康成长的指导者和引路人。

☞ 小学语文新课程标准：在课文学习的过程中，培养爱国主义、集体主义、社会主义思想道德和健康的审美情趣，发展个性，培养创新精神和合作精神逐步形成积极的人生态度和正确的世界观、价值观。

蓓蕾学子竞含苞，
为师育人事业道。
愿谱教书养生曲，
点滴成长乐陶陶。

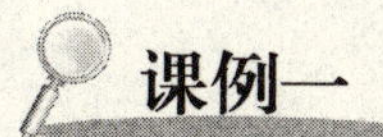

课例一

“长汤勺”怎么吃饭

一次，我上一节情境作文课，意在寓做人道理于作文之中。上课伊始，出示了一篇短文，提供一个问题情境：

长汤勺

一天，老师带我去餐厅吃饭，看到学生们围在一只正在煮食的大锅前坐好，热气腾腾，老师发给每个人一只汤勺，但是汤勺的柄特别长，学生舀了食物，却没法送到自己嘴里。他们看着美食，又饿又失望，很不高兴。

此时，老师也发给我一个长汤勺，让我采取什么好办法，使大家都能顺利吃到美食。

由于这件事情很有趣，有饭吃不上，学生颇感兴趣，极力想办法，有意解决难题，愿意写的心境出现了。经过热烈讨论，学生想出了五花八门的办法，

- 换法——请老师给每人换一个短汤勺，自己就能吃到美食。
- 折法——每人把长汤勺折断，变成短汤勺，自己就能吃到美食。
- 拿法——不要拿着汤勺把，拿着勺的根部，自己就能吃到美食。
- 捧法——不用汤勺，用手到锅里捧着吃，自己就能吃到美食。

这些办法正是学生真实想法的具体表现，他们不管用什么办法，即使毁坏汤勺、把手烫伤也在所不惜，就是一个目的，想到的都是个人，将饭吃到自己嘴里，这是进行针对性教育的好时机。于是，我问学生：能不能想想别人，不只想自己吃？启发下，学生角度变了，好办法出来了。

- 喂法——每人用长汤勺去喂座位对方的同学，就都能吃到美食。

经过比较，讨论哪种办法好？好在什么地方？学生深深感到“喂对方的办法”最好（见图3-1），好就好在首先为了别人，我为人人、人人为我。联系自己的想法，进行反思，经过体验，受到助人为乐的深刻教育。

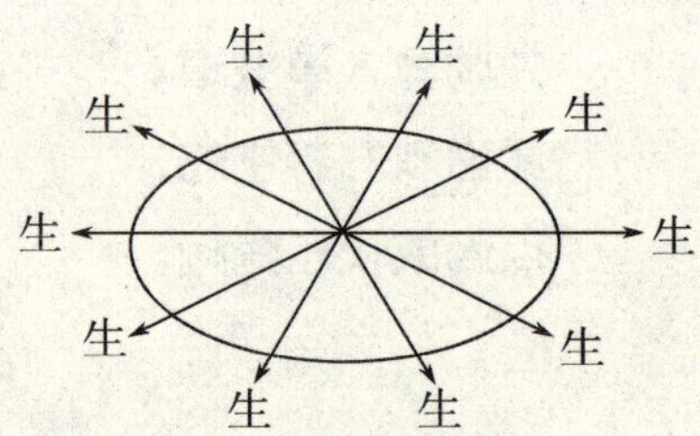

图3-1　互喂法

最后，发动学生积极思考，展开想象，将“喂对方”的情景写篇作文。结合自己的想法，写出具体的语言、动作、心理、神态、情感……寓做人之道于一篇篇精彩作文之中。

启　示

从上面的课例，充分看出作文教学的育人功能。“千教万教教人求真，

千学万学学做真人”，语文课标要求学生说真话、实话、心里话，不说假话、空话、套话。长汤勺的故事设置提供了学生说心里话的情境，为育人做好铺垫。

从作文本身的要素、作文的过程出发，作文育人有五要素：①从作文材料来源看——“文源”育人，作文源于生活，充实健康的生活才会出佳文。②从作文的思想内容看——“文意”育人，作文不仅反映了要描写的客观世界，也反映了作者的主观世界，透视作者的认识程度、立场观点、情感色彩。正是见文如见人，见人如见心。高尔基曾说：“读一本好书，等于与高尚的人在说话。”上面的课例，学生想出的办法就是学生主观世界的真实表现。③从作文的表达形式看——“文采”育人，一定的思想内容需要恰当的表达形式。在这个过程中是对作者认识的再深化、情感再催化、心灵的再陶冶。从读者角度看，朗读一首好诗或一段精彩的片断时，会引起情思的共鸣，甚至会反复吟诵欣赏，仔细玩味，给人启迪。④从作者写作文的态度看——“文风”育人，叶圣陶先生曾讲过：“我们作文要写出诚实自己的话，是否诚实。”那种抄、背、套、拼、凑、编的现象，文风不正，会直接损害学生的身心，甚至殆害一辈子。上面的课例，由于学生经历了从想自己转变到为别人的体验，写出的作文是诚实文，做人的教育深入人心。⑤从作文后的使用看——“文宿”育人，写东西全都有所为，这就是“文宿”，即作文的归宿之意。作文的用处既可育人又可育己。足见作文与做人紧紧相融，文是人生活的再现，反映了人意，体现了人品，又陶冶了情操，文写出来又为了人。学作文中学做人是必由之路，有着广阔的前景，如图 3-2 所示。

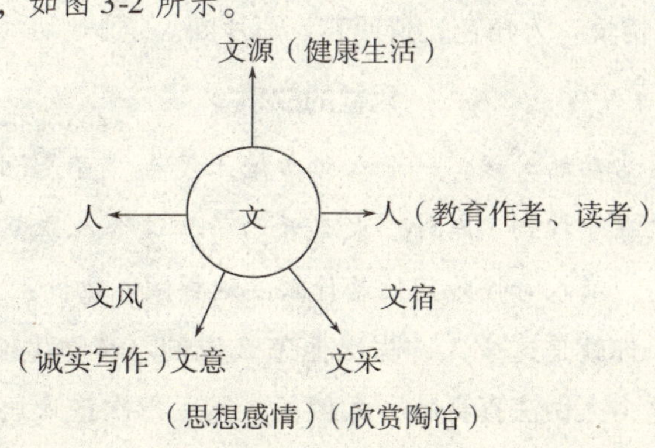

图 3-2 作文五要素

课例二

圣雄甘地的一只鞋

这是一次情境作文教学的课例，我采取的方式是随着故事情节的发展，让学生进入角色，边猜测、边作文、边育人。

环节1：讲故事，入角色，猜行动，写片断。

一只鞋的故事

在火车将要启动的时候，一个人匆匆地上了车，可是他的一只脚被门夹了一下，一只鞋子掉到了车外。火车开动了，这个人立刻……

习作：如果你就是这个人，写出他怎么做。（学生以这个人的身份，进入情境，纷纷暴露了他们的真实心理及做法。有的写：立刻大喊火车停下，自己下车拣鞋；有的写：叫来乘务员，要求赔偿；有的写：火车停下，把门打开，下车找鞋；有的写：如果车不能停，就在下站下车，回来拾鞋，回程车票免费。学生的做法集中到一点，火车失误，照价赔偿，想法自己拣鞋）。

我告诉他们："这个人与你们的想法、做法全不一样，你们想知道他是怎么做的吗?"学生异口同声：想知道。顺势我出示情境的发展，进入第二个片断练习。

环节2：出情境，入角色，猜回答，写片断。

一只鞋的故事

在火车将要启动的时候，一个人匆匆地上了车，可是他的一只脚被门夹了一下，一只鞋子掉到了车外。火车开动了，这个人立刻脱下另一只脚上的鞋扔了下去。有人奇怪地问他为什么要这样做。他说：________

习作：如果你就是这个人，写出他怎么说的。（学生刚一读这情境，都笑了，认为这个人做法真奇特，太傻了。然后再次进入角色，根据那个人的做法，按照自己的想法，写出了自己的语言。有的写：反正一只鞋已

经没有了，另一只鞋也没用了，干脆丢掉算了；有的写：我穿一只鞋多难看，走路一拐一拐的，扔掉另一只，光脚算了；有的写：丢掉另一只，两只鞋都没了，回家可以告诉妈妈，我的鞋丢在旅馆了，再给我买双新的。学生的回答尽管不同，但都是从自己的角度思考，利己想法支配着他们）。

我又告诉他们："那个人的回答与你们完全不一样，你们想知道他是怎么说的吗？"顺势出示了第三个情境，继续写第三个片断。

环节3：出情境，做比较，写片断。

有人奇怪地问他为什么要这样做。他说："如果一个穷人正好经过，这或许对他很有用。所以我立刻把另只鞋扔出去，他就可以轻易地捡到一双鞋。"这就是印度圣雄甘地的真实故事。

习作：对照自己的写话，写出你的感受。（学生读了甘地的话，恍然大悟，从内心深切地感受到他替穷人着想的品质，不愧为圣雄。纷纷对照自己刚才写的做法、说法反思，一事当前，首先想到的是别人，多么可贵的为人民服务啊！这绝不是空洞的口号，而是深深地打下了心灵的烙印）。

启　示

我在这个课例作文育人的教学策略上做了有益的尝试，采取了边作文、边猜测、边育人的方式。有几点体会：①故事情境的设置，使学生有了说、写的话题；②悬念的设置，学生猜测并习作，激发兴趣，容易显露学生的真实思想，为育人奠定基础；③悬念的落地，比较反思并习作，育人之道寓于作文之中。

课例三

两个"假如你是小猴子……"的情境练习

课文中有篇童话《小猴子下山》，写的是一个小猴子下山，看见什么要什么，见什么爱什么，就像老熊掰棒子那样，先夹了爱吃的玉米，然后扔玉米摘桃子，又扔桃子摘西瓜，后来又扔了西瓜追小兔，小兔跑了，小猴子空着手垂头丧气地回家了。故事告诉我们，做事要有明确目的，并且要有始有终，否则将一事无成。这是本课的教育因素。

一次，我听了两位教师同教这节课。由于两位老师对课文理解的深浅不同，同样的角色情境练习，教育效果截然不同。

第一位教师在教学中设计了“假如你是小猴子，应该怎么办”的情境练习。结果课堂上学生的回答五花八门。

有的说：“我就肩扛玉米，嘴叼桃子，怀抱西瓜追小兔。”

有的说：“我就不像课文的小猴子那么傻，我就借辆小车上山，遇到什么装什么，样样不落。”

有的说：“我就多跑几趟，一次拿一样，都搬回家。”

这些回答只注意到了小猴子喜新厌旧，太傻了，于是想出了以上把所有喜欢的都搬回家，却成了贪得无厌的小猴子。这样的练习，不但课文健康的教育因素荡然无存，反而无意中出现了私欲的教育负效。

另一位教师对课文有更透彻的理解。小猴子之所以反复地扔此要彼，喜新厌旧，有始无终，根本原因就是它下山没有明确的目的。于是，这位教师设计的情境练习是：“假如你是小猴子，下山的目的是什么？你打算怎么办？”增加了“下山的目的是什么？”这一关键问题，课堂效果则别有洞天了。

有的说：“猴妈妈病了，要吃西瓜，我路过玉米地、桃树林连看也不看，摘了西瓜就回家。”

有的说：“猴弟弟们嚷着要吃玉米和鲜桃，我就下山只把这两样运回家。”还有的说：“我的目的是和小兔玩耍，于是就直奔小树林，找到小兔商量，能不能和我一起做游戏。”

回答得多么好！一个个有孝心、爱助人、有礼貌的小猴子形象从学生的心中迸发出来。人文熏陶，润物无痕。

特别值得一提的是，此时教师再次深化，另辟路径，顺势发问：“假如我也是小猴子，下山后高高兴兴地空手而归。你们说，我下山的目的是什么？”学生先是一楞，经过思索明白了：“小猴子下山的目的是散散步，欣赏大好风光。”这个“空手”而归与课文中的“空手”完全不同，一个

目的明确、有始有终，另一个则是目的不清、见异思迁。

启　示

2011 年颁布的新课标十分强调语文的教育功能：“应该重视语文课程对学生思想感情所起的熏陶感染作用，注意课程内容的价值取向。”要达到这样的效果，教师钻研教材的教育因素至关重要。新课标对此也明确指出：“教师应认真钻研教材，正确理解、把握教材内容，创造性地使用教材。”进行思想教育就要挖掘教材中的教育因素，

课文的文与道是统一的。这里有个挖浅挖深的区别。两个教学片断的教育效果对比，后者强于前者，原因是后者那位教师对教材的教育因素挖得较深。透过小猴子扔此要彼，喜新厌旧，有始无终的现象，思考为什么，主要原因是它下山无目的造成的。前者却淡化了做事要有明确目的这一关键问题。因此，教师要适度深挖教材，不要浅尝辄止。

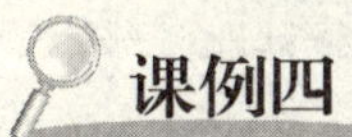

课例四

“多找一角钱”怎么办

一次，我在作文课上设置了一个情境：一位小朋友拿着一元钱到菜市场买了九角钱的菜，一位男售货员因顾客人多，繁忙中将两角钱当成了一角钱找给了他。归途上他才发现多找了一角钱。……我的讲述戛然而止，问学生：“假如是你发现多找一角钱，会怎样做？会有什么行动？”每人写张小条。学生进入角色后，亮出许多有差别的行动，反映了不同的认识水平。

- 一角钱太少了，别给售货员找麻烦了，买根冰棍算了。
- 立刻到学校把一角钱交给老师，拾金不昧的行为将受到表扬。
- 立刻跑回市场，指出售货员的失误，把钱还给他。
- 为了不给售货员添麻烦，我先将两角钱换成两张一角钱，然后跑回菜市场，悄悄说明来意，不必张扬这小差错。递还一角钱。

入角色的话语，使我了解了学生的真实思想，接着大家评议哪个表现最好，为什么？那个换钱后还钱学生的行为得到大家的一致好评，评为最佳。

在大家的掌声中，让他走上台，我对他进行了提问，提示全班学生注意倾听，为下面的作文提供真实材料：

师：当发现售货员多找一角钱后，你首先想什么？

生：尽管一角钱不多，也应该还回去。

师：直接还不就行了，为什么你要将两角钱换成两张一角钱呢？

生：我想，菜市场人很多，如果我把两角钱递给售货员，他还得从钱箱里找回我一角钱给我，多一道手续，浪费了时间。我先把钱换好了，不就省事了。

师：真是个细心的孩子！再问你，还钱是好事，为什么要悄悄说明来意，不张扬呢？

生：多找一角钱，是错误，但也难免，偷偷告诉他，不会让他在别人面前丢脸，改了就好。

师：好一个厚德的孩子，你打算怎样跟售货员说呢？

生：我会说，叔叔，由于您忙中出错，多找给我了一角钱，还给您，不要让国家受损失。

师：好一个为国家、为别人着想的孩子！

提问结束了，他的周到的行为，有理、有节、有情、有度的还钱行为，使大家受到一次深刻的教育。

然后，按照他的行动模拟表演，老师充当那位售货员。大家观察他的表现，然后写出作文。将真情化为行动、化为作文，人文一致，知行合一，一举两得。

启　示

这是自己感到效果较好的教学。成功的原因是什么呢？

课例通过情境引入→入境写话、真实表露→比较评优、渗透育人→现场提问、理解品质→模拟表演，观察备材→集体习作、共受教育的几个环

节，层层深入，作文与育人融为一炉的教学具有普遍意义。

(1) 从教学目的看，要寓做人之道于作文之中，达到一事当前要处处为别人着想、助人为乐的目的，并在习作中体现。学生在亲身参与、体验、比较、评选中，自我教育、自我提高，并在观察中练习习作，写的是真心话、实话，诚实文。

(2) 从设置的情境看，根据情境写作文，学生有内容可写；情境内容贴近学生实际，找错钱的事情时有发生，能够调动学生的真实想法，与育人的教学目的合拍。

(3) 从安排的环节看，先放手让学生写的做法，以竞争激发争先，然后评选最优，上台表演，再观察习作。学生始终处于写作亢奋状态。

提升到理念上，作文中工具性与人文性的统一，就是将真知真情化为行动，又转化为作文，人文一致、知行合一、一举两得。情感态度与价值观的培养就在情境作文中得以渗透，作文与做人融为一体。

课例五

继续拯救“小麻雀”

这是我当教研员时的一个课例，指导一位教师做区公开课，研究专题是以《麻雀》为课例，读写结合，课上安排小练笔。

课文叙述：猎人打猎回来，走在林荫路上，风猛烈地摇着路旁的白桦树，猎狗跑在我的前面，闻到了前面有什么野物，看见一只小麻雀呆呆地站在地上，无可奈何地拍打着小翅膀。它嘴角嫩黄，头上长着绒毛，分明才出生不久，是风把它从巢里刮掉下来的。猎狗张开大嘴，露出锋利的牙齿。突然，一只老麻雀不再安然地站在高高的没有危险的树枝上，尽管猎狗那么庞大，一种强大的力量使它飞了下来。从一棵树上飞下来，像一块石头似的落在猎狗面前，用自己的身体掩护着小麻雀，想拯救自己的幼儿，准备着一场搏斗。猎狗被这无畏的爱的力量震撼了，慢慢地向后退，猎人感动了，急忙唤回猎狗，带着它走开了。

我在研究教材时，发现课文结尾：猎狗愣住了，它可能没料到老麻雀会有这么大的勇气，慢慢地、慢慢地向后退猎人急忙唤回猎狗，带着它走开了。值得安排小练笔。于是设计了以下环节。

环节1：读结尾，按照结尾修改板书。

改前板书（见图3-3）：

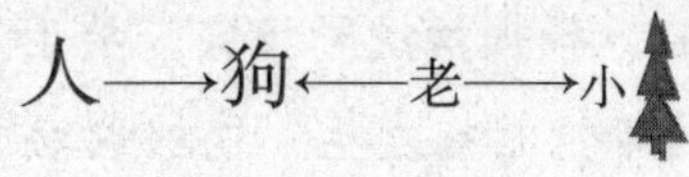

图3-3　板书

改后板书（见图3-4）（因为都走了，擦去“人”与“狗”）：

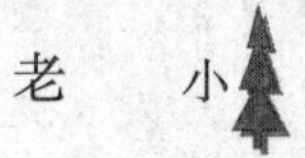

图3-4　改后板书

环节2：看板书，联系课文，讨论“猎人带走了猎狗，是不是救了小麻雀?”

课堂上学生讨论热烈，意见不一。有部分学生认为，猎人因感动和爱心带走了猎狗，老麻雀和小麻雀已经没有危险了，猎人救了麻雀。有一些学生看了修改后的板书，认为小麻雀刚出生不久，不可能自己飞上树，老麻雀也没有能力把小麻雀叼回窝里，两只麻雀只能呆呆地互相看着，无能为力，时间长了，还会被其他野兽攻击吃掉，或者冻死。猎人并没有彻底拯救麻雀。多敏锐的洞察力！多美好的心灵！爱心在学生心里涌动。这是多么好的育人契机啊！

环节3：小练笔。如果你就是猎人，打算怎样彻底拯救小麻雀，写个片断。

学生纷纷写出了自己的行动，表达自己的爱心：

（1）我把猎狗栓在树下。我捧起弱小的小麻雀，爬上树，放在窝里，然后看着老麻雀感激地飞回窝，才带着猎狗走开了。

（2）我想树上窝里可能还有其他小麻雀，也会不安全，于是我抱着地上的小麻雀，爬上树，放到窝里，再把其他小麻雀挪到安全的位置上，看着老麻雀高兴地飞回窝，才离开了。

（3）风猛烈地摇着路旁的白桦树。是风把小麻雀从巢里吹掉下来的。看来，树上的鸟窝不安全，还会被刮下来。于是，我先爬上树，把鸟窝移到背风的地方，看着稳稳当当的窝，才把地上小麻雀放回新窝，瞧着他们一家团聚，我心里非常高兴，才带着猎狗走开了。

学生的片段显示出他们为麻雀的遭遇痛心，为老麻雀的舍己爱心感动，关心小麻雀的最终结局，所以才有真情的流露，而不是空洞的口号，写出如此感人的习作，体现了作文与育人的和谐统一。

启　示

语文教学渗透德育有其特点：①感知以文。语文就是语言文字，依据文本，在解读语言的过程中明意，这是渗透德育的基础。②晓理以文。人文性体现在文本的中心，这是渗透德育的重点。正像上面课例那样，只有学生感受到老麻雀的无畏、舍己、爱子的精神，才有佳作的诞生。③动情以文。文本是表意抒情的，学生从文本学习中动情了，渗透德育才有了真情激发。④导行以文。结合文本，通过听说读写的训练模拟导行，才不失语文的学习。正像上面课例那样，抓住课文结尾，以习作形式继续拯救麻雀，将育人融化在语言表达中。

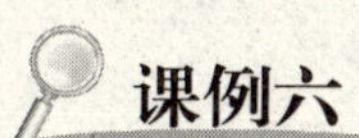

课例六

《钓鱼的启示》的真实体验

五年级课文《钓鱼的启示》写的是一个孩子在未到开放钓鱼的时间，而且在没有人看见的情况下，偷偷钓到一条从来没有钓过的大鲈鱼，父亲却坚决让他放掉，他极不乐意，最终只好放掉。得到的启示是：道德只是一个简单的是与非的问题，实践起来却很难。真正理解这个含义较深的句子也很难。对于学生来说，道德的概念是什么？道德是非怎么简单？实践怎么又难？

某教师的教学，听课后让我眼前一亮，课前活动体验、课尾的照应深解，盲人的巧妙设计都让人耳目一新。

环节1：游戏体验引入。

上课开始，安排了在水盆里钓塑料鱼小组比赛，老师赛前提出要求，只许用左手拿鱼钩钓鱼，必须一个人钓一次。看哪组钓得多。由于小组多，大家只忙于快钓、多钓，乱做一团，组与组之间顾不上监督，结果实际情况是：由于左手不方便，很多学生不按要求，用右手钓、用手抓，每人也不只钓一次。教师有意识地不闻不问，任凭他们不按要求做。评出优胜组，为学习课文做铺垫。

环节2：学课文，理解启示。

游戏后学习课文，先找到启示：道德只是一个简单的是与非的问题，实践起来却很难。教师再启发学生联系钓鱼比赛事情发展过程体会（见图3-5）。

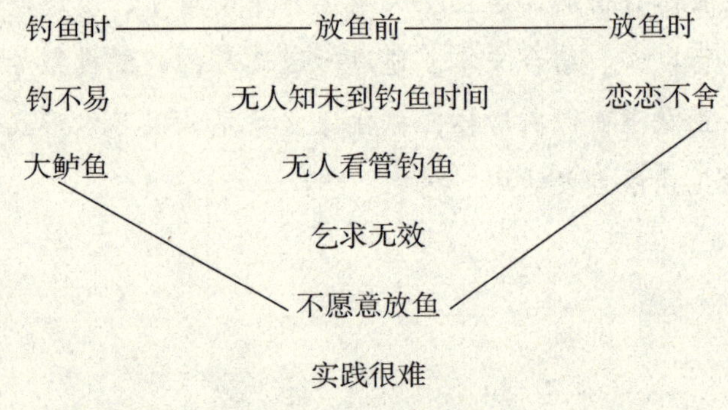

图3-5　钓鱼的启示

（1）钓鱼事情的道德指什么？（放不放鱼）

（2）“是”指什么？（放鱼）“非”是什么？（不放鱼）

（3）我“实践很难”是什么意思？（我不愿意放鱼）

（4）按照事情发展，体会我为什么不愿意放鱼。

（5）总结：体会启示，朗读启示。

环节3：回顾游戏，联系实际，再谈启示。

学生是不是真正将理解化为心灵的震撼，只解读课文是不够的，必须

联系学生实际。此时，教师巧妙地发动学生回顾课前的钓鱼游戏，回顾比赛规则，真实地说说他们是不是做到了，学生纷纷亮出各自做法：用右手钓、用手抓鱼、双手摸鱼、一人钓多次、全组一起钓……五花八门。然后真切体会启示的道理。道德实践真的太难了，这是从心底里发出的感慨。育人取得了实效。

启　示

教书育人必须联系学生实际，才能动心，取得实效。可如何联系实际，却大有文章。像上面的课例，如果采取学后让学生联系自己举例说明，道德只是一个简单的是与非的问题，实践起来却很难。由于没有亲身体验，最容易走过场，做假检查、喊口号，根本触及不到心灵深处。而这位教师采用了钓鱼游戏体验，如同课文小作者那样，也来钓鱼，在不知不觉中参与，受到深刻教育。可以这样说，没有学生参与体验，就没有真正的教育。

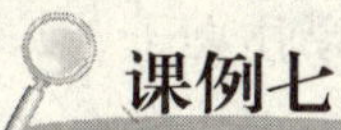

课例七

香港教师的一节课

2010年，我有幸参加了由中国教育学会小学语文教学研究会（中国小语会）在香港举办的两岸四地小学语文观摩活动。来自内地、台湾、香港、澳门的四位教师同课异构，同教《别让七块钱买走一天的快乐》这篇课文。

内容写的是美国一对年轻夫妇到加油站加油，被多收七块钱的服务小费，两个人一天都不高兴。晚上，他们来到父母家，继续唠叨这件不痛快的事，父母知道后批评他们说：七块钱就买走了你们一天的快乐。接着，进行了人生快乐的教育。他们指出两个观点：①每个人的兴奋点不同，是由先天素质、遗传因素决定的。兴奋点越高，幸福指数越高，看到鲜花就高兴，给点鼓励就振奋，洒点阳光就灿烂；有的正好相反。②快乐点是可以后天自己培养的，只要豁达一点，想开一点，心情就会随之开朗起来，快乐也会随之水涨船高。

在四节课中，香港老师的教学给我的印象最深刻。冲破了通常的读文——提问——交流——朗读的环节，采用了三个体验活动，收到了很好的教书育人效果。

体验一：开始，拍卖“快乐”活动。

教师拿出“快乐”一词，进行拍卖，看谁能将“快乐”拍走。学生竞拍，价码不断攀高，没有一个学生能拍走，因为快乐不是用金钱衡量的，最后只能是教师用无价拍走。这使学生清醒认识到，快乐是无价的。

体验二：中间，教师送礼活动。

教师为每个学生准备了一个口袋，里面送给每个学生同样一块很普通的糖果，要求打开口袋后，在享受礼物的同时，谈谈自己的真实表现及感受。由于每个人的兴奋点不同，学生表现感受截然不同。有的喜形于色，立刻剥开品尝；有的捧在手里，兴奋地观赏；有的细心地放到书包里，准备回家告诉妈妈。可有些学生却有另外态度，他们有的把糖果往桌子上一扔，不屑一顾；有的显出老师太小气的表情；有的觉得糖果太次，不愿意吃……然后，结合课文每个人的兴奋点不同的观点，谈谈自己的真切理解。

体验三：结束，处理烦恼事活动。

教师又发给每个学生一张纸条，条上列举学生常见的烦恼事，如：一大早被闹钟吵醒，多睡不的；一大堆衣服要洗烫；要乘车，车却开走了；到交通路口，遇到红灯，结果上学迟到了……要求学生，用写话形式，结合课文快乐点是可以后天自己培养的，只要豁达一点、想开一点，心情就会随之开朗起来的观点，怎样将这些不快乐的事变成快乐的事。通过具体身边事例，有意识地培养豁达心态，写出自己的转变。

(1) 一大早，你被闹钟吵醒，不能睡懒觉了。(虽然不能再睡了，但这可以锻炼我按时起床的好习惯)

(2) 一大堆家里的衣服要洗烫，今天几乎不能玩了。(没关系，损失了玩，可家务劳动的收获很大，看见自己洗净的衣服，也很快乐)

(3) 我要乘车，刚跑到车站，车却开走了。(不必埋怨司机，我再等一辆，能有机会欣赏周围的风光)

(4) 我走到十字路口，马路上没有车辆通过，可人行横道的红灯亮着，真倒霉。(这没有什么，是自觉遵守交通规则的好时机)

教育效果显现出来了!

启　示

课例为什么有好的教育效果呢？原因在于学生有了体验“过程”。课标十分强调“过程”的重要。有诸多关于“学习过程”的论述，不妨列举：课标关于阅读的论述是两句话“阅读是搜集处理信息、认识世界、发展思维、获得审美体验的重要途径。阅读教学是学生、教师、教科书编者、文本之间对话的过程。”

- 整体考虑知识与能力、情感与态度、过程与方法的综合。
- 语文教学应在师生平等对话的过程中进行。
- 在各种交际活动中……
- 注意为学生设计体验性活动。
- 把这些内容贯穿于日常的教学过程中。
- 写作是运用语言文字进行表达和交流的重要方式，是认识世界、认识自我、进行创造性表述的过程。
- 重视引导学生在自我修改和相互修改的过程中提高写作能力。
- 口语交际是听与说的互动过程。
- 特别注重探索和研究的过程。
- 收集能够反映学生语文学习过程和结果的资料。

尽管小学语文改革十分活跃，但仍有些顽症及误区始终影响着教学效率的提高，目前教学中不同程度存在着“内容分析式”教学，表现“教学以读懂课文为主，教师以分析课文为主，学生以理解课文为主”的“三为主”，存在着忽视学生充分体验学习过程的“五多三少”的现象。

五多：内容多，快速学习过程；环节多，挤掉学习过程；牵引多，简化学习过程；灌输多，代替学习过程；师展多，没有学习过程。

三少：时间少，缩短学习过程；参与少，单体学习过程；探究少，盲目学习过程。

学生是学习的主人，只有学生充分体验学习过程，才能有真切的感受，才能积极、主动、牢固、灵活地获取结果，过程中的育人素质才得以培养。教师要努力改变“强势性、主宰性、灌输性”的教学，越俎代庖是不行的。将时间、空间还给学生，将“学程”还给学生。正是这样，上面的课例，为了理解课文的快乐观点，教师并未灌输，而在课堂上设计了有层次的三次体验活动，发动学生充分参与过程，在拍卖、收礼、解烦的活动中，获得快乐的真谛。

这是以体验活动、学语文教做人的范例。教育的最终实效在于导行：

①有层次体验活动将感知、晓理、动情、导行融为一体；②有层次体验活动是学生积极参与亲身实践；③有层次体验活动适合年龄特点，学生喜爱；④有层次体验活动循序渐进，逐步转化。

第四章

教师要做汉语魅力的鉴赏家

☞ 国家中长期教育改革和发展规划纲要指出：提高教师专业水平和教学能力。

☞ 小学语文新课程标准：教师……应认真钻研教材，正确理解把握教材内容。

祖国汉语是个宝，
魅力蕴涵无穷妙。
深入钻探富矿脉，
鉴赏语言乐陶陶。

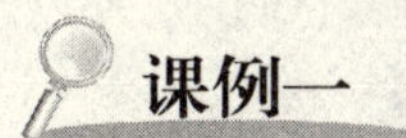

课例一

“射”竟然可以读做“矮”

我曾听一位小学中年级的语文老师讲过一个精彩的课例。他教过一个曾经不喜欢学习语文的孩子，但经过老师仅仅10分钟的教学，竟然从此爱上了文学，大学中文系毕业后，当上了一名作家，写了一本书，获了大奖。这10分钟的教学为何能影响这个孩子一生的志向呢？原来课堂是这样进行的：

师：（在黑板上书写了一个大大的熟字“射”）。同学们，这个字读什么？

生：（齐答）射（shè）。

师：（摇头）这字不念（shè）。

生：（惊异，还能读别的音吗？这个字没有别的读音）。

师：（在“射”的两部分中间画了条虚线）你们看，这个字被分成了两部分，“寸、身”，大家想，一寸的身子，这个人怎么样？

生：（不约而同地说）矮（ǎi）。

师：对！这个字念（ǎi）（教师板书“矮”）。

生：（更惊异，情趣倍增）。

师：（又在“矮”字的两部分中间画了条虚线）“矢”是箭，“委”是派出的意思，把箭派发出去，是什么？

生：（又异口同声地说）射（shè）（兴奋极了，感到汉字真有意思）。

板书如图 4-1 所示。

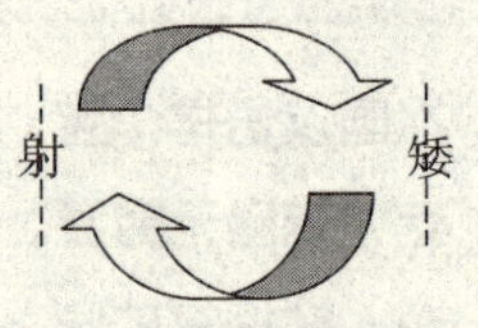

图 4-1　板书

师：你们看，该念射（shè）竟可以念矮（ǎi）；该念矮（ǎi）竟可以念射（shè）。你们有什么感想？

生：汉字各部分能会意，多么有意思呀！

师：对呀！汉字的各部分不是随意组成的，而是祖先精心造字的。很有趣。

当然，这个“射”字还读 shè 音，“矮”还读 ǎi 音。

就是因为短短的 10 分钟教学，这个孩子从此对语文产生了浓厚的兴趣，从此走上了终身从事文学的道路。多么高效和远效的教学！

启示

就是这样短暂的教学，教师抓住了汉字会意的特点，使这个孩子对语文的兴趣进而变成了终身的志趣。

教师怎样教学才能达到学有兴趣？是不是教师加强重复刺激就如愿呢？是不是教师课堂上多放图片、录像就如愿呢？是不是教师多鼓励、奖励学生就如愿呢？是不是课上多搞些学生喜爱的游戏就如愿呢？应该说，可以，但这情趣只是短暂的，有的甚至稍纵即逝。因为这些做法都是学好语文的外围手段而已，未抓住爱学语文的实质。兴趣有三个层次，有短时的有趣，有长时的乐趣，更有一生的志趣。我们需要的是学生爱学语文的志趣，这才是应达到的境界。关键是教师要热爱祖国的语言文字，努力钻研汉字自身的魅力，从钻研语文中激发学生爱汉字、爱汉语、爱语文的核心情感，不只是在兴趣的外围转来转去。

课例二

“米”字做偏旁的变形

识字、写字教学是小学阶段教学的重要任务，低年级尤其如此。我曾帮助教师设计了这样一个识字练习，意图是教学生学习生字“粗”并认识新学的“米”字旁并要写好“粗”字。我先与老师共同分析了生字“粗”，它是左右结构，由“米”与“且”两部分组成，这两个字都是学生熟悉的字，但“米”字旁却是新知识。这些基本分析只能是一般性的解析，还需进一步剖析。我提出一个深化问题：“‘米’字变成‘米’字旁，字形上有哪些变化？为什么有这些变化？”我们进行了仔细的探索，当这个问题有了清晰的解析后，设计了教案，并在课堂上实施，取得了很好的效果。下面就是课堂教学设计的片断：

教师在黑板上展示出：

米——→粗←——且

（1）发动学生观察发现：由“米”写入“粗”变成“米字旁”，字形上发生了哪些变化？（米字变窄；一捺变一点；一横向上斜；一横右长左短）

（2）引深思考：为什么由“米”变成“米字旁”要有这些变化？（体

会到汉字的整体性，有互让的规律，为了避让“且”，“米”字做了谦让，因此变窄、变点、变短，汉字中也有“助人”)

(3) 再深入观察发现：“且”写入“粗”字中，有没有谦让？(“且”也让了，变窄点，横变短点，只是变化不如“米”字变化大)

(4) 再引深思考：为什么“粗”字中，“米”让得多，“且”字让得少？(进一步认识到“粗”字的两部分，有主次之分，“米”是偏旁，是次，“且”是正，是主，所以“米”要多让，以让右为主。使汉字呈现整体美，足见汉字中各个部分不仅能互相谦让，而且明白各自的作用与地位，汉字各部分都有情感呀！)

(5) 学生带着美感，按照汉字的让右为主写“粗”字。

这个设计的两次发现、两次思考和递进探索，从字形的变化深化到汉字的谦让，从汉字的谦让到汉字的互让，从汉字的互让到各自的互让量，从识字理解到写好字，展现了汉字的整体美，浸透着汉字结构的魅力，渗透着学会谦让的做人品格。寓人文性于识字训练之中，润物细无声，在语文中教学取得了育人实效、深效。

启 示

汉语是母语，汉字是个宝藏，里面蕴涵着丰厚的矿脉。教师要立志做个出色的探宝者。要做到这点，打铁必须本身硬。祖国的汉字不是简单的符号，胡乱地拼凑，它的笔画、部件、结构都有意味，均有道理。教师就要以热爱汉字的激情、欣赏的目光、扎实的功底，探究每一个汉字的字理、字源，不在表面上跳来跳去，深入挖掘为什么是这样的音、形、意。汉字的美丽、魅力则会显露无遗。

我曾写过一首诗来赞美母语：

母语，我知道

我知道，
中华语言文字是母语。
她像母亲的乳汁，
听说读写无私哺育。

我知道，
中华语言文字是母语。
掌握了她，
其他学科顺利学习。

我知道，
中华语言文字是母语。
灵活运用，
终身学习锐利武器。

我知道，
中华语言文字是母语。
承载着祖国，
悠久历史文化淀积。

我知道，
中华语言文字是母语。
魅力无比，
造字创语无穷魅力。

我知道，
中华语言文字是母语。
众民族都在使用她，
交往和谐欢愉凝聚。

我知道，
中华语言文字是母语。
海峡两岸同轩辕，
文脉无界力促统一。

我知道，
中华语言文字是母语。

全球炎黄都用她，
爱国亲情同歌一曲。

我知道，
中华语言文字是母语。
信息时代不落伍，
与时俱进闪光永喜。

我知道，
中华语言文字是母语。
祖国富强了，
世界交流优势工具。

我知道，
中华语言文字是母语。
要孝敬她，
认真规范爱在行动里！

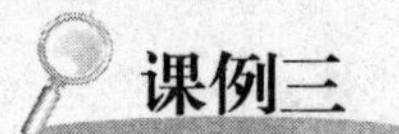

课例三

探汉字“盾”的演变

这是我听课的实例。听的是同一内容——生字“盾”的两节教学。通过比较可以体味汉字教学的魅力。

第一位教师的教学环节：

(1) 教师出示生字“盾”，请学生齐读，读准字音。

(2) 让学生观察字形，说说怎样记住它。(学生有的记笔画；有的记结构；有的提示下部分是“目”不是“日”……)

(3) 发动学生用“盾”组成词语。(学生分别组出“盾牌”、“矛盾”、“自相矛盾”)

(4) 每个学生在练习本上写“盾”，教师巡视后进行纠正，然后每个

学生再写一个“盾”字。

第二位教师的教学环节：

（1）教师板书“盾”字，请学生自由读，然后齐读，读准字音。

（2）教师问学生：“你们知道为什么要读‘盾’这个音，而不读别的音吗？”（学生摇头，激发了获知兴趣）

（3）教师生动地讲到：“一位汉字专家对‘盾’为什么读这个音做了考证研究，他认为：盾是防卫武器，为了抵挡矛的攻击，这个盾非常坚固，矛用力戳盾，结果矛的尖被盾顶‘钝’了，所以‘盾’读作这个‘钝’音。”（学生惊异，享受到汉字的字音确定的道理）

（4）学生再带着情味齐读“盾”。

（5）让学生观察字形，说说怎样记住它。（学生有的记笔画；有的记半包围结构；有的提示下部分是“目”……）

（6）教师引发：“大家的记忆方法都可以，还有一个更好的记字方法，由同学们自己发现。”

（7）教师出示“盾”字形演变的课件。启发学生观察，说说怎样演变的？

（学生很有兴致，最初像个人拿着一副盾牌应敌，然后盾牌就变成一条弯线，用眼睛代表人，接着盾的方向立起来，最后笔画变为横平竖直，成为现在的“盾”）

（8）教师问学生：怎样记“盾”的笔画？（学生很形象地描述，横撇竖撇是盾牌，十是盾牌的柄，目是人，整个字就是一个人手拿盾牌）

（9）这样记字好吗？这是什么记字方法？（学生都说有意思，说这是“编故事法”“形象记忆法”……）

（10）教师告诉学生：这叫“字源记字法”。

启　示

比较两个教学环节，很明显第二个环节效果好。我们知道，课堂教学是在有限时间内蕴涵无限能量的弹簧，同样的教学内容，却取得深浅截然不同的效率。为什么呢？缘于教师对汉字鉴宝的水平，钻研汉字的深度。第一位老师仅仅晓得“盾”表面的音、形、意，而第二位老师却能探究“盾”字音、字形的来源，将其内在的象形美、联想美、会意美揭示出来，学生收获的不止是“盾”的音形意，还传递了字源知识，更激发了热爱汉字的情感。

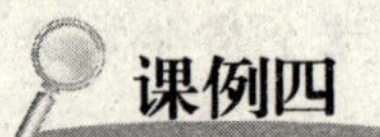

课例四

品味“给予”的人文性

这是我听一位青年教师的课例。她准备参加一次全国教学比赛，找到我寻求帮助，参赛课——《给予是快乐的》。听课开始，她先进行的第一个教学环节是：

师：同学们，今天我们共同学习新课。（板书课题《给予是快乐的》）请大家齐读课题。

生：(齐读课题)。

师：大家注意读“给予”的“给”时要读二声。

生：再齐读课题。

师：“给予”是什么意思?

生：就是“给”的意思。

师：联系课文内容，说说都有（谁）给予（谁），（什么）使人快乐。

……

听课后我感到她的教学环节只是解决了“给予”表面的音意，并初步联系了课文内容。但是挖掘的深度不够，对汉字的特点钻研不透。于是，我们一起探讨了“给予”包含的美：①“给予”的“给”的变音美；②“给予”词语意思的叠用美；③汉语词汇的丰富美。在此基础上设计了如下环节：

(1) 解言：读题，分别读“给予”两个字，都读三声；然后合起来

读，发现了什么？（“给”就变音读二声）

(2) 赏言：为什么“给”变二声了呢？（为了读起来不绕口，凡三声联字应有变声，体现汉字读音的人文性）

(3) 积言：课文中还有这样读音规律的词语如“满脸”、“理解”，读一读。

(4) 解言：说说“给予”的“给”的意思？（供给）；“予”的意思？（给）

(5) 赏言：这两个字的意思都一样，为什么不用一个字呢？（叠用加深意思，为了避免重复，就换一个同义词，体现汉语词汇的丰富）

(6) 积言：“给予”的反义词是什么？（接受、享受、获得……）

(7) 用言：联系课文内容，说说（谁）给予（谁），（什么）使人快乐。于是整体把握了课文主要内容。

经过课堂教学的实践，学生不仅掌握了“给予”的正确读音、本意与文意，而且延伸到“给予”的变音美、叠用美、丰富美，并且举一反三，运用一般规律，感受到祖国汉字的人文性，享受到它的无尽魅力。

启　示

《语文课程标准》中有这样一句话：“工具性与人文性的统一。”说明了语文教材具有双重性，看到的是语言文字的符号，是表达作者思想的工具，但这符号里却蕴涵着丰富人文，人文借助于语言文字体现。皮之不存，毛将焉附，课文的人文性与工具性是皮毛关系，不可分割，融为一体。上面课例的“给予”一词中的变音美、叠用美、丰富美，体现了人文关怀，生动地显露出工具与人文的融合关系。

语文课程标准阐明，“工具性与人文性的统一”为什么将工具性放在前面，而把人文性放在后面呢？这绝不是枝节问题，而是方向。原因有三个：其一，是首先映入眼帘的篇篇课文是书面语言，即字词句篇，是学习的符号、硬件、载体、宝贝，紧扣它就抓住了根本，离开它就失去了方向；其二，只有善于挖掘工具中的人文内涵，才是工具训练与人文培养的必由之路，双赢之途；其三，语文学科姓“语”，是学习生活的工具。在教学操作中，教学的主线是语文工具，训练的出发点及归宿应是工具性，在过程中渗透人文，乃是健康和谐之路。

教师就应遵循这样的规律，努力揣摩语文工具中的人文要素，品味语文宝贵的人文价值，成为真正的鉴赏家。

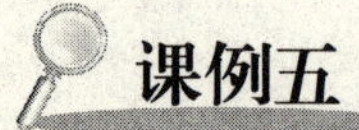

课例五

“把、被”句式互换的歧途

下面讲一个较为普遍又发人深省的课例。在语文教学的句式训练中，教师常常为学生出将“陈述句”与“把字句”、“被字句”互换的练习，考试也经常有这样的考题。书店中出版发行的、多如牛毛的练习册中更有着大量这样的习题，大家似乎司空见惯。

如将下面句子改写为“把字句”和“被字句”。

原句：她不停地往里移伞。(陈述句)

改后：她不停地把伞往里移。(主动句)

伞被她不停地往里移。(被动句)

这样改，毫无疑问是正确的。这样训练的目的是什么呢？不少老师会说，要学生认识到，一句话可以有不同的说法，表达的求异，培养创新意识。但是，既然是不同的句式，表达的意思必然就有区别，在特定的语言环境中，必有一个最恰当的表达。不能只看到句式句意的相同，而忽略句式句意的不同。所以，这样的认识就会出现问题。

这里需要深入探讨三种句式的不同点——各强调的语素不同。就以上面的句子来说：

陈述句：她不停地往里移伞。主语是“她”，强调的是“她”。

把字句：她不停地把伞往里移。主语仍是“她”，由于“伞”很重要，才把宾语“伞”前移到状语位置，以示突出。所以，把字句强调的是“她”和“伞”。

被字句：伞被她不停地往里移。为了突出“伞”的极其重要，将

“伞”前移到主语的位置，而原来的主语“她”却退居二线。被字句强调的是“伞”。

如此看来，三种句式尽管表达的意思大致相同，但强调的重点截然不同，绝不能混淆。上面句式的互换练习正是忽略了这一点，如果长期这样练，会造成混用、乱用等现象，会误入歧途，误导学生表达的准确性。

以上面的句子来说，是课文《搭石》提供的语境：“她挤在别人伞下，为了不让同学淋湿，……”究竟课文这句后面是哪个句式？（是陈述句还是主动句，或者是被动句）最合适呢？是不是都行呢？当然不行。根据语境，为了表现“她”自己宁可淋湿也要移伞助人的行为，应突出“她”和“伞”，运用主动句“她不停地把伞往里移”最合适，而其他两种表达就不太准确了。要知道，求异必须求佳，离开语境单纯改句，明显出现了问题，不符合语文学科的规律。

再回到如何出句式互换的练习题，正确的拟题应该包括两部分：先互换句式，再根据语境选择句式。这样既训练求异又锻炼求佳。可这样设计：

句式练习。

（1）请将下面句子改写为“把字句”和“被字句”。

原句：她不停地往里移伞。（陈述句）

改后：她不停地把伞往里移。（主动句）

　　　伞被她不停地往里移。（被动句）

（2）根据语境“她挤在别人伞下，为了不让同学淋湿，（　　　　）。在括号内填上准确的句式。

启　示

上面最初的句式互换练习虽说是个反面课例，但教训深刻。我们知道，语文是门科学，有它的特有规律，教师必须掌握。例如，在语境中学语言；工具与人文不可分；读写要结合；文章内容与形式的统一；朗读中理解与声音的辩证关系；识字中音、形、义、用的结合；生活与作文的源流关系；做人与作文的密切关系……假如这些没有弄清，教学就会体现得不准确。教师应具有科学精神，狠下功夫掌握学习语文的基本规律，不要把汉语宝贵珍品演绎成赝品。

另外，创新的求异必须与求同统一，异中求同、异中求准、异中求佳。

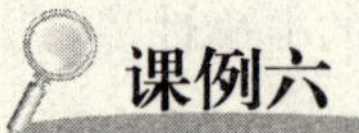

课例六

孔子、孔丘、仲尼

看到这个题目，有人一定会说都是指一个人的姓名。对，但为什么一个人却有不同的名字？很多教师只知其然，不知其所以然。要知道原因，就得了解祖国姓氏文化的悠久传统。

我国古代流传下来的姓氏传统非常丰富，“姓”代表着家族的传承，“名”是小时候家人起的，而“字”是男子20岁行加冠礼时，由同族尊长命字，表示已成人，是尊称。“号”则是成人后，根据爱好、愿望自己起的名。看来，古代只有“号”才是本人自己起的名，是自己喜欢的名字。“子”则是对德高望重、有学问的人的敬重称谓。所以，一个人不同的称谓可表达不同的意思，抒发不同的情感。

这样说来，孔子姓“孔”是家族传承，“子”是人们的敬称，名“丘”是小时候家人起的爱称，字“仲尼”则是别人的尊称。同样，老子姓“李”乃家族传承，“子”是敬称，名“耳”是小时候的爱称，字“聃”是尊称。

懂得这些知识，对语文教学很有意义。有篇课文《孔子拜师》，主要讲孔子成名后，仍虚心求教，学无止境，千里迢迢拜老子为师，老子也毫无保留地传授。我在听课中，发现不少老师对这些古代姓氏知识知之甚少，因而忽略了许多文采的品味。

例如，课题《孔子拜师》，如果教学时仅仅让学生读读课题，并说说谁拜谁为师，则漏掉了品读的语言因素。假如改为选择训练，效果就改观了：

读读课题，如果课题《孔子拜师》改为下面两个题目，好吗？为什么？

（1）《孔丘拜师》。

（2）《孔仲尼拜师》。

当然不好，而《孔子拜师》告诉我们，他被称为“子”，成名已久，还要拜师，可谓虚怀若谷、学无止境，敬佩之情油然而生。

课文《孔子拜师》中还有一组拜师的对话，在互相称呼姓名上的不同，表达了不同的情感：

孔子问道：“老人家，您就是老聃先生吧？”

“你是——”

孔子连忙说：“学生孔丘特地来拜见老师……”

老子说：“你就是仲尼啊……”

如果教师了解了古代姓氏知识，在教学时必然会抓住称谓上的品读，提出有价值的三组比较性问题，引起学生思考，进而传递古代姓氏知识，再进行有感情的朗读：

（1）孔子问道：“老人家，您就是老聃先生吧？”

如改为孔子问道：“老人家，您就是李耳先生吧？”行吗？为什么？

（2）孔子连忙说：“学生孔丘特地来拜见老师……”

如改为孔子连忙说：“学生孔子（或孔仲尼）特地来拜见老师……”行吗？为什么？

（3）老子说：“你就是仲尼啊……”

如改为老子说：“你就是孔丘啊……”行吗？为什么？

通过比较，联系姓氏知识，自然揭示出不同称谓的情感色彩。对话中孔子称自己孔丘，是自谦，对老子的敬重；而老子称孔子为仲尼，则以平辈相称，足见老子的谦虚和对孔子的喜爱。

启　示

这个课例两个环节的改动，有两点启示：一是一些不同称谓的品味告诉我们，文章字里行间是表情达意的，情意不可分，得“意”还要悟

“情”。透过词句的表意、体会饱含的情意，包括课文人物的情感、作者的情感。二是假如老师不知古代传统姓氏知识，认为这些称谓无关紧要，会悄悄溜走。所以，广博的知识是基础，教师钻研教材需要“立体”备课，了解相关知识，才会发现魅力，教学才能优效。

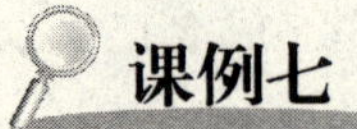

课例七

渐进式的朗读训练

朗读是小学阶段最经常的训练，但我在听课中发现，教师的朗读教学常出现脱离语言因素的空读，以多取胜的反复读，学生不知怎么读的傻读，简单模仿教师范读的盲读……这些现象反映了钻研教材的欠缺。只有深入理解课文语言因素，才能克服以上的问题，循序渐进地安排有层次的朗读教学。举我的一个课例教学片断，或许有些帮助。

课题：小学语文第七册《饲养员赵大叔》。

课文内容：生产大队的饲养员赵大叔，把集体财产的牲畜当成自己的孩子一般，备加喜爱。表现了他对工作极端负责，热爱集体财产、热爱集体的精神。

朗读的课文原句（第五小段）：

他只顾跟牛说话，冷不防旁边一头驴伸过嘴来抢吃簸箕里的料。赵大叔推开它，用一个指头指着它的脑门说：“你呀，就爱占便宜！批评你多少次了，一点儿也不改。”

课堂纪实（片断）：

师：请同学们自由朗读课文第五小段。想一想赵大叔用什么口气对这头驴说话？

生：赵大叔是在批评这头驴。

师：谁能用批评的口气朗读这一段？

生：（用严厉批评的语气朗读）。

师：请大家再朗读这段，想一想这时赵大叔说的话是很严厉的吗？

生：（自由朗读）。

生：说话不严厉。赵大叔是用亲切语气批评的。

生：赵大叔带着温和的语气说的。

生：赵大叔非常爱牲口。

师：对！从这段课文中的哪些地方可以看出赵大叔喜爱牲口呢？

生：赵大叔推它不是生气地“推”，而是轻轻推开；指着脑门，不是气愤地指，而是喜爱地“指”。这些动作表现了赵大叔对牲口的爱。

生：牲口不懂人话，可赵大叔却像和这头驴谈心一样，把它们当成自己的孩子一样，虽然是批评它，但很亲切，不严厉。

生：赵大叔说：“……批评你多少次了，一点儿也不改。”从这句话里可以看出赵大叔对这头驴的贪吃习惯非常了解，不爱它怎么能这么了解呢！

生：赵大叔说：“你呀，就爱占便宜”，说活时充满了对牲口的喜爱，不是讨厌它，而是帮助它。就像妈妈在耐心地教育自己的孩子一样！

师：同学们回答得很好！谁能用喜爱牲口的亲切语气朗读这段呢？

生：（表情朗读，语气亲切）。

师：读得不错！大家再想一想，既然这头牲口这么贪吃，又是一贯的缺点，为什么赵大叔还这样爱它呢？

生：因为这头驴是集体的财产。

生：毛病再多的牲口也是国家的财产。赵大叔因为爱集体，所以爱牲口。

生：因为赵大叔热爱自己的饲养员工作，所以他对什么样的牲口都不讨厌。

师：对！赵大叔对牲口的深厚感情体现出他热爱集体的优秀品质。

谁再用赵大叔热爱集体的思想感情朗读这一段？

生：（有感情朗读，先指名读，后齐读）。

一小段课文在几分钟之内我引导学生反复朗读了五次，每次读并不是机械的重复。学生经历了逐渐深入解读的过程。从由表面理解赵大叔说话的批评口气——体会赵大叔说话的亲切口气——领会赵大叔热爱牲口、热爱饲养员工作——读懂赵大叔热爱集体财产的思想感情。循序渐进，每一遍朗读都有新的要求。这样读读讲讲，讲讲读读，每循环一次，学生对课文的理解就深了一步，朗读水平也就提高了一步，做到了互相促进，相得益彰！在加深了对课文的理解中，指导了朗读，优化了诵读。

启 示

这段课文朗读具有特殊性。要表现赵大叔对工作极端负责，热爱牲口、热爱集体的精神，完全可以选择正面爱牲口的内容，但却选择了表面在训斥一头驴的段落，意在培养学生由表及里的阅读能力。透过表面的批评、呵斥，引导学生从赵大叔与牲口的“说，推，指”的语言因素，以及“你呀，就爱占便宜！批评你多少次了，一点儿也不改”的口气中，去伪存真，将字里行间蕴涵的爱逐渐剥离出来，收到朗读训练的成效。可见，只有教师钻探语文教材的富矿脉，蕴藏的油流才能喷涌而出。

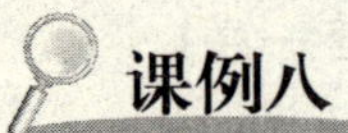
课例八

从“跳”字组词看汉语的扩展

一次，我在黑板上写了一个学生熟悉的“跳”字，要求他们组成词语，学生热情很高，纷纷发言：

师：(板书“跳”) 谁能用“跳”字组个词语。

生：(举手) 跳高、跳远、跳绳、跳皮筋、跳水、跳伞……

师：你们这些“跳”都是用什么跳?

生：都是用脚跳。

师；对呀！从字中哪儿能看出用脚?

生：跳字是“足”字旁。

师：所以“跳”是形声字，汉字确有表意的功能。但是不是“跳”都用脚哪？现在希望同学们再用“跳”组词，但不许用脚跳。谁能组?

生：(面面相觑，没有人举手，料想不到)。

师：看来同学们有困难。我帮帮你们，请看我做个动作（用手在左胸轻轻地摸了一下）。

生：（心领神会）心跳。

师：好极了！心跳可是不用脚呀！还有吗？（再引扩展）

生：（指自己的眼）眼跳。

生：（指自己的手腕）脉搏跳。

师：真好！请你们打开词典，查查这些都不是用脚的“跳“是什么意思。

生：（查后）是指一上一下地动。

师：看来，汉字的偏旁表意在发展。

师：这些“跳”都和人有关吧。下面还要组词，不能和人有关，要和“物”有关。

生：（互相求助状，苦苦思考）。

师：（在学生最需解惑时启发）见过跳水比赛吗？

生：见过。

师：那运动员跳前踩的是什么呀？

生：（顿开茅塞）噢，是跳板。

师：对呀！跳板是物吧？还有吗？

生：（踊跃）跳箱、跳棋、跳板、跳蚤……

师：“跳”看来是动词，其实组词还是名词呢，汉字的组合功能太强了！

启　示

透视这一片断训练，从组词似乎平常的训练设计出思维含量很高的词语训练，原因在于挖掘词条字义作为开启思维的创新点，从字的本意到引深意在到扩展，有价值的创新缘于语言文字自身的魅力。学生经历了从一个思维高度向另一个思维高度跳跃的过程，当教师提出不用脚也用“跳”组词时，学生遇到困难了，此时怎么办？正是需要教师的应对机智。如果放弃，当然不行，教师直接告诉“心跳”等，用灌输的办法，越组代庖，也不好。教师的责任就在于启发，于是，我采取以动作启迪，用体态语言，只引不发，开而拂达，指路不带路，给学生思考表达的空间，去寻找自己身上既在“跳”又不用脚的部位，并用恰当词语表达，取得破难的效果。才会获得结果的优效，点拨汉字字义发展的知识，渗透了汉字瑰宝的文化教育，踏踏实实回到语文学科本位的角度钻研教材、思考、设计，又使教学不是脱离语文的花拳绣腿。

第五章

教师要做耕耘教材的"主人"

☞ 国家中长期教育改革和发展规划纲要指出：严格执行义务教育国家课程标准。

☞ 小学语文新课程标准：老师应创造性地使用教材。

语文教材富土地，
教学任务美载体。
深耕施肥做主人，
园丁善管丰收喜。

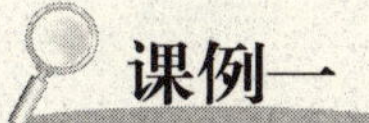

课例一

"鹬蚌相争"错在哪

这是我与一位青年教师备课的故事。那是2001年，这位教师要参加全国"创新杯"教学大赛，慕名找到我备课——寓言《鹬蚌相争》。对于这则耳熟能详且短小的传统课文，她似乎胸有成竹，单刀直入就要设计教案。我说首先要钻研教材，她好像觉得没必要，但鉴于礼貌，只得依我。

在阅读一遍课文之后，我提出了一个问题："鹬蚌相争，让渔翁得利，到底谁错了？"她脱口道："鹬蚌都有错，而鹬错得多。"我追问："错在哪？"她滔滔不绝说开了："您看，河蚌错在晒太阳，也不看看周围环境有无危险，就张开壳露出鲜嫩的肉；河蚌在享受阳光，并不威胁别人，而那只鹬却要攻击侵略别人，河蚌当然要自卫，合上外壳，而鹬就用嘴啄住了它的肉。接着，它们互说狠话互不相让，结果让渔夫一起抓走。”

听了她的话，我感到她对教材理解有些鱼目混珠，就耐心交谈起来。

我：后面鹬蚌互说狠话、互不相让都有错误，我同意。但前面我有些不同的看法。蚌为什么要晒太阳呢？

她：蚌是冷血动物，必须晒太阳，为了保持体温，否则就会死掉。

我：对呀！蚌为生存，没有什么错。再说鹬，它为什么要吃蚌张开壳的肉？

她：很简单，有壳咬不动吃不着，只能吃张开壳的肉。

我：既然如此，鹬只能吃它能吃的肉，为了自身的生存，也没有错啊！

她：您说得对，都没错。这是动物的本性、本能，是它们生存的食物链。

我：看来，你怎样理解课文的前两句：“一个河蚌刚张开壳晒太阳，一只鹬看见了，就用嘴啄住了它的肉。河蚌急忙合上外壳，紧紧夹住鹬的嘴。”

她：这段不是鹬蚌错误的根源，而是对事情起因的交代。

我：好！那么，究竟鹬蚌错在哪？

她：是在课文后几句“鹬生气了，说：‘今天不下雨，明天不下雨，你这蚌就要活活干死。’河蚌毫不示弱，说：‘今天不放开你，明天不放开你，你这鹬就要活活地饿死。’双方互不相让，谁也不肯放开。”它们谁也制服不了谁，就应该相互放开，却唇枪舌剑，白白浪费了口舌，给渔夫赢得了收获的时间。要让学生明白鹬和蚌的错误在于互不相让的寓意。

我：你理解得很到位。

她：看来，我钻研教材还得下工夫。

我：教学设计的基础要深耕教材，耕耘教材的深浅决定着教学的优劣。下面我们再研究教学。你觉得怎样让学生将鹬蚌的错误引向后几句，唇枪舌剑互不相让呢？

她：说来真奇怪，刚才研究教材，并没有设计教学，可通过深入教材

理解，教学的办法不知不觉从脑中冒了出来。

我：这就叫水到渠成，没有水源，挖渠何用？欲速则不达。先教材后教学才是正道。说说你的设计。

她：我想设计这样一道选择题：

> 读课文下面的话，你认为谁错了，请选择：
>
> 一个河蚌刚张开壳晒太阳，一只鹬看见了，就用嘴啄住了它的肉。河蚌急忙合上外壳，紧紧夹住鹬的嘴。
>
> （1）鹬和蚌都错了。为什么？
>
> （2）鹬错了。为什么？
>
> （3）鹬和蚌都没错。为什么？

我：不错！我做一点修改，把选项（3）删去。

她：我不明白。删了正确答案选项（3），剩下的两个选项都是错的，不是把学生引入歧途吗？

我：这是为了引起学生争论，激发学生独立思考。你想，如果有三个选项，正确观点已经亮出，就会替代学生独立创新思维，即使学生选错观点，也可挑起辩论，体验过程。

她：有道理。

我：还有一点，平常选择题的选项中准有正确的答案，会产生蒙答的现象，这样打破常规的选项，也促使学生真正思考，克服惯性。

她：真是一道妙题！

经过这次备课，使这位青年教师参赛课——《鹬蚌相争》获得了一等奖。

启　示

这个课例告诉我们，教学凭借的是教材，必须看重教材。否则，何必精心编写新教材呢？国家教委又何必集专家认真审定新教材呢？这是因为：

（1）教材是新课标精神的体现。语文教材是新课标精神的具体化。编者通过语文教材面对学生，架起桥梁，语文教材使新课标精神直接化。

(2) 教材是语文教学任务的依据。教材的架构、阶段、组元、选文、练习……无不体现着理解、积累、运用祖国语言文字的各项教学任务，是教与学的依据。

(3) 教材是教学内容的载体。教什么，学什么，教学内容的载体是教材。

(4) 教材是教学过程的支架。虽然教材不能等同备课，却能为教师设计教学提供支架。虽然教材不能代替教学过程，却能为怎么教、怎么学提供支架。

这个教例还告诉我们，备课首先要备教材，准确理解教材是教学的前提。"忙"设计等于"盲"设计，深耕教材是优质教学的必由之路——梅花香自苦寒来。

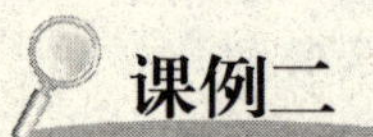

课例二

"惊弓之鸟"的"嘣"

一次，我应北京师范大学教师培训中心的邀请，为某地小学教师做教学培训。在讲到教材钻研时，我以《惊弓之鸟》一课为例进行互动式培训。印发了每人一份课文原文：

更羸是古时候魏国有名的射箭能手。

有一天，更羸跟魏王到郊外去打猎。一只大雁从远处慢慢地飞来，边飞边鸣。更羸仔细看了看，指着大雁对魏王说："大王，我不用箭，只要拉一下弓，这只大雁就能掉下来。"

"是吗？"魏王信不过自己的耳朵，问道，"你有这样的本事？"

更羸说："请让我试一下。"

更羸并不取箭，他左手拿弓，右手拉弦，只听得嘣的一声响，那只大雁直往上飞，拍了两下翅膀，忽然从半空里直掉下来。

"啊！"魏王看了，大吃一惊，"真有这样的本事！"

更羸笑笑说："不是我的本事大，是因为我知道，这是一只受过箭伤

的鸟。”

魏王更加奇怪了，问：“你怎么知道的？”

更赢说：“它飞得慢，叫的声音很悲惨。飞得慢，因为它受过箭伤，伤口没有愈合，还在作痛；叫得悲惨，因为它离开同伴，孤单失群，得不到帮助。它一听到弦响，心里很害怕，就拼命往高处飞。它一使劲，伤口又裂开了，就掉了下来。”

我让老师们带着“课题《惊弓之鸟》中哪个字将更赢与大雁联系起来”这个问题读文。结果出现两种意见：一种认为是“惊”，更赢让大雁“惊”它就“惊”下来；另一种认为是“弓”，更赢用“弓”射下大雁，大雁被“弓”惊下来。我说两种意见都有道理，但更赢通过用“弓”不用箭，才有“惊”的出现，看来“弓”才是最初、最直接的联系。

接着我围绕“弓”出示了一道题，让每位老师独立选择。

联系课文，课题《惊弓之鸟》中的“弓”指什么？请选择：

①弓箭　②弓　③弓弦　④弓弦响

结果，教师无一例外都选了“弓弦响”。我却明确提出这个答案不完全正确。老师们疑惑了。于是我身临其境地当起了受伤的大雁：“我就是那只大雁，从远处慢慢地飞来，边飞边鸣。更赢用弓射我，我是听到‘弓弦响’三个字就掉下来了吗？看来这只大雁还懂汉语啦！”话音未落，笑声大起。顺势我提出：“文中还有一个字，才是大雁掉下来的原因。”老师们迅速寻找，很快抓住了“嘣”这个字。这是个象声词。一切都是这个“嘣”引出的。更赢让鸟听“嘣”，鸟怕“嘣”才掉，更赢能在知鸟怕“嘣”。大家信服了。有的老师风趣地说：“课题可改为‘惊嘣之鸟’。”我回应到：“完全可以，只是‘惊弓之鸟’是约定俗成的成语，不易改动而已。‘嘣’字才是课文牵一发而动全身的牛鼻子。”

启　示

新课标明确指出：“在教学中尤其要重视培养良好的语感和整体把握的能力。”整体把握教材是学生阅读能力的重要目标，也是教师钻研教材的重要基本功，而牵住课文的“牛鼻子”乃是整体把握教材的集中体现。联文解课题

《惊弓之鸟》从惊—弓—弓弦响—嘣的过程，是将课文由厚读薄、由多读精的过程；“牛鼻子”——“嘣”能够牵一发而动全身，更羸拉弦出“嘣”体现了射箭的能力强，观察、分析、判断力的高超；大雁听“嘣”是它心理素质差的表现；“嘣”声也是魏王惊奇、佩服更羸的原因。“嘣”更揭示了蕴涵的成语寓意。做为教师就要具有善于寻找课文的“牛鼻子”功夫，打铁必须本身硬，才能培养学生整体把握课文的能力，提高教学的效率。

课例三

“无动于衷”在内心

这是我教学的一个课例片段，执教的是中年级《语言的魅力》一课。课文写的是一个盲老人乞丐在巴黎街头要钱，木牌上写着“我什么也看不见”，过路行人表现是：

街上过往的行人很多，那些穿着华丽的绅士、贵妇人，那些打扮得漂亮的少男少女们，看了木牌上的字都无动于衷，有的还淡淡一笑，便姗姗而去了。

对于这段描述中解读重点词语“无动于衷”的课堂教学，我是这样引导的：

师：同学们，读读这段话，哪个词语能集中概括行人的表现？

生：无动于衷。

师：对，你们怎么理解“无动于衷”？

生：就是没行动。

生；都不给他钱。

师：请大家再认真读读这段话。画出行人动作的词语。

生：有“看了、淡淡一笑、姗姗而去”。

师：是呀！文中“看、笑、去”眼动、嘴动、腿动，都是在动，怎么说行人无行动呢？

生：是心里不感动。

师：这才说到点子上。那么“无动于衷”词语中哪个字表示内心？

生：衷。

师：请打开词典，查查“衷“的意思。

生：（查后）就是“内心”的意思。“无动于衷”是内心不感动。

师：通过刚才的讨论，同学们谈谈体会。

生：解词不要不求甚解。

生：解词要先弄懂词语的原意，再联系课文的意思。

生：要明白词语的每个字意思，才能明白词语的意思。

师：好的。你们不仅准确理解了“无动于衷”，而且知道了正确解词的方法。

启　示

在语文教学实际中常常出现“灯下黑”的现象。“无动于衷”的理解就是一个典型例子。出现“无动于衷”就是无行动、不给钱，而对“衷”却是灯下黑。这是由于小学生年龄特点，往往从感觉、感性出发，笼统理解，望文生义造成的。作为语文教师就要善于咬文嚼字、精雕细刻，才能培养学生由感性到理性的转变，从笼统到精细的升华。

课例四

“鸟的天堂”是鸟热闹吗

巴金的文章《鸟的天堂》有个重点段，写的是作者第二天清晨来到鸟的天堂，看到了与昨日傍晚来到此处未见一只鸟截然不同的景象，描写出了下面的热闹景象：

很快地这个树林就变得很热闹了。到处都是鸟声，到处都是鸟影。大的、小的、花的、黑的，有的在枝上叫，有的飞起来，有的在扑翅膀……一只画眉飞起来……又飞进了叶丛，站在一根小枝上兴奋地唱着……

我听过许多教师引导学生是这样解读这段话：

- 自读，谈谈自己的感受。
- 这段话是围绕哪句写的？围绕哪个词语写的？（鸟热闹）
- 从哪看出鸟这么热闹？画出有关词句，说说你的体会（从形、声、种类、动态、情感说明鸟非常热闹）。
- 有感情地朗读。

这样的教学偏离了课文的主旨。课文整体是讲“鸟的天堂”，指的是一棵像一座小岛的大榕树，主要不是写鸟。纵观上面的教学，实际上，学生仅仅明白的是鸟特别热闹，将树丢到了一旁，抓段落忘全篇。其实，仔细阅读这段话，文章已经表述得很明确，中心句“很快地这个树林就变得很热闹了。”说的就是树林热闹，而不只是鸟热闹，分述句字里行间也多处提到鸟在树上的情景。“枝上叫……又飞进了叶丛，站在一根小枝上……”因此，上述这段教学忘掉了增加重要一笔：大家想想，鸟是在哪儿热闹？（树）鸟为什么能这样热闹？（树的优美环境）画出段中有关树的词语（树林、枝上、叶丛、小枝）。使学生回到大榕树的主旨，才能准确理解大榕树为鸟提供了栖息的摇篮、活动的乐园、树与鸟的和谐。

启示

新课标明确指出：“在教学中尤其要重视培养语感和整体把握的能力。”在阅读教学中，每篇课文都像环拱于中心的圆球，阅读时必须整体把握文章的主旨，任何局部都是整体的一部分，为整体服务的。教师应指导学生从整体中看局部，从局部中悟整体。不能只见树木不见森林。否则就会迷失读文的方向，上面的课例就是见鸟不见树，不能准确把握文章主旨。

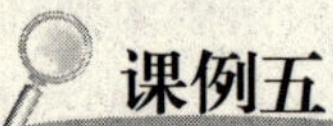

课例五

盘古“劈”天地是横劈吗

这是一次我听评课的教例。一位青年教师讲古代传说《盘古开天地》一课，其中有一句话中解读“劈”的细节，引起了我的疑惑。下面是我听

的这个教学细节的实录。

师：请同学们朗读课文原句：“盘古……他见周围一片漆黑，就抡起大斧头，朝眼前的黑暗猛劈过去。”画出盘古动作的词语，谈谈体会。

生：盘古的“见”、“抡”、“劈”三个动作，表现了盘古为了人类的光明、生存，勇敢用尽全身的力气地向宇宙开战，造福人民。

师：说得好。开天地的最关键动作是哪个词。

生：“劈”。

师：对。盘古怎么“劈”呢？每个同学做个动作（教师观察学生的动作）。

生：（学生出现横劈、竖劈、斜劈三种情况）。

师：看到同学们有三种劈法，我请每种劈法的代表上台表演，大家判断哪种是盘古的劈法？（想后，请举手）

生：（大多数同意竖劈、斜劈，个别同意是横劈）。

师：真理往往在少数人手里，老师同意横劈。你们知道为什么呢？用课文语句说明，并有感情地朗读。

生：课文中写“只听一声巨响，混沌一片的东西渐渐分开了。轻而清的东西，缓缓上升，变成了天；重而浊的东西，慢慢下降变成了地”。“上升、下降”这两个意思相反的词，说明盘古必须横劈才使天地上下分开。

师：对了！如果是竖劈、斜劈，那地球不就分成东西两半啦！你真是盘古的知心人。还有反义词的证据吗？其他同学找找。

生：课文写“天地分开以后，盘古怕它们还会合在一起，就头顶着天，脚踩着地，随它们的变化而变化。”不是横劈，“头顶、脚踩”也不可能。

生：“天每天升高一丈，地每天下沉一丈，盘古也随着越长越高。”横劈后才能有“升高、下沉”。

师：这些证据充分说明盘古是横劈，都是从横劈动作的下文找到的，用了联系上下文的学习方法。

下课了，我与老师交谈。我先打开词典，查查“劈”的解释：用刀斧等砍或由纵向破开。接着把我的疑惑提出来：“劈就应是纵向竖劈，盘古开天地不是横劈吧？”教师不解，振振有词：“词典解释是竖劈原意，可联系课文会有变化呀。下文的许多反义词都证明横劈才对。”我耐心地对他说：“不错，但不能照搬词典原意，应该联系课文。咱们就联系上下文分析一下。刚才你在课堂上引导学生联系的是下文，那是盘古开天地后的景象，为什么盘古要‘劈’呢？就必须联系上文对吗？”他说：“对，上文写‘有个叫盘古的巨人，在这混沌一片之中……盘古忽然醒了，他见周围一片漆黑，就抡起大斧头，朝眼前的黑暗猛劈过去’。”我追问：“混沌一片、漆黑的状况是不是轻而清的在上面，重而浊的在下面呢？”他摇摇头。“对，如果是那样，横着一劈，毫不费力，太容易了，盘古的功劳不大。当时天地混沌一片就是混乱在一起，而且漆黑一片盘古看不见。竖劈才合情理，才有力度，盘古分解了混沌一片，功盖千秋。至于劈后的数对反义词，只能说明盘古开天地的效果，不能作为怎样‘劈’的证据。课文‘劈’用得准确。”他认同了，感激地说：“赵老师，看来我教错了，下节课赶快纠正。教材钻研不能想当然，要上挂下连，全面考虑。”我说：“不要简单纠正，不妨用咱俩刚才交谈的办法引导学生充分讨论、争论，会收到更好的效果，坏事变成好事。”

启示

钻研教材，教师首先要老老实实地当第一读者，当好教材的“奴隶”，然后才能当好教材的“主人”。准确理解这是教学起码的要求，否则就会误人子弟。教得不正确，做老师是不合格的。但是，要真正做到准确，并不是一件容易的事。《盘古开天地》一课，解读怎么“劈”的关键细节不正说明这个问题吗？要想准确，需要处理好文章局部与整体的关系，局部的解读要上挂下联、左顾右盼，才能切中要领。

课例六

表演“蜜蜂引路”的误领

一次，我听某教师上的一堂公开课，听课的教师很多。教的是《蜜蜂

引路》一文。写的是1922年，列宁住在莫斯科附近的一座小山上，当地有个养蜂的人，列宁常常派人去请他来谈天。一天列宁要找养蜂人，可是往常派去找他的人到莫斯科去了，别人都不知道他住在哪里，列宁就亲自去找。列宁一边走一边看，发现路边的花丛里有许多蜜蜂。他仔细观察，急中生智，靠蜜蜂引路，只见那些蜜蜂采了蜜就飞进附近的一个园子里。园子旁边有一所小房子。列宁走到那所房子跟前，敲了敲门，开门的果然就是那个养蜂的人。养蜂人看见列宁，惊讶地说：“您好，列宁同志，是谁把您领到这儿来的?”列宁笑着说：“我有向导。是您的蜜蜂把我领到这儿来的。”

在理解课文内容后，这位老师为了让学生回顾内容，体会列宁的观察判断力，采取了角色表演的形式，演示蜜蜂引路的情景。学生情趣浓厚，纷纷举手要表演，教师请了两个学生上台，便问他们各担任什么角色，一个说当列宁，一个做蜜蜂。再问演蜜蜂引路，谁在前面谁在后面，学生说蜜蜂在前，列宁在后跟。教师点点头。表演开始了，只见演蜜蜂的学生作出飞的样子，在台上模拟的花丛中转圈模仿采蜜，扮演列宁的学生也跟着到花丛转圈。然后蜜蜂飞进园子，列宁也跟到园子。最后蜜蜂进入旁边小房子，列宁跟到那所房子前，敲了敲门，找到养蜂的人。整个过程似乎列宁紧跟蜜蜂不掉队，蜜蜂飞到哪，列宁就紧随到哪（见图5-1）。

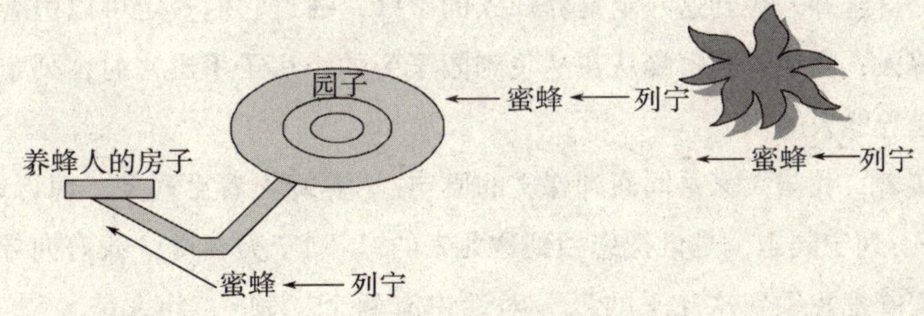

图5-1　示意图

学生表演后，大家鼓掌，教师称赞演得好，竟然没有发现和纠正表演中的问题。下课学生退场了，我与在场的做课、听课教师互动评课。我先请一位老师上台模仿蜜蜂，我伴演列宁，重现课堂上学生的表演，让在座的老师们发现“列宁”表演的问题。结果均未看出来。于是，我做了第二次表演，那位老师仍按原来的路程走，我演列宁却与上次不同：不跟着蜜蜂，只是站在那不动，仔细观察蜜蜂的动向，当看到蜜蜂绕过花丛、飞进园子，旁边的小房子，我才直奔小房子（见图5-2）。

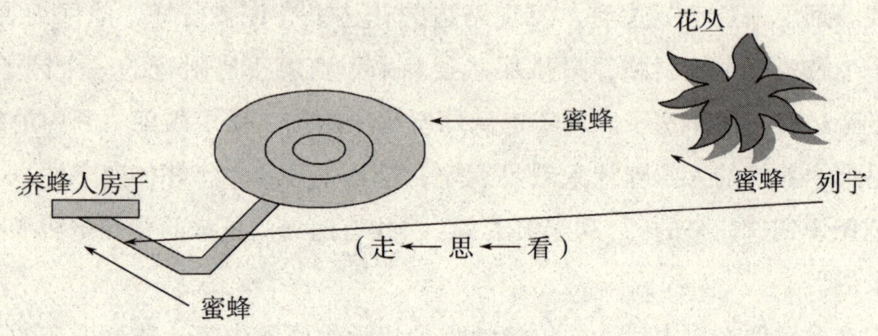

图5-2　示意图

通过两次表演的比较，老师们肯定了第二次表演是正确的，终于发现了第一次的毛病。有的说："列宁怎么能跟着蜜蜂去花丛看采蜜呢?"有的说："列宁不是紧随寸步不离，否则，列宁太笨了。只要蜜蜂没离开列宁的视线，就站在一处观察蜜蜂最后落脚的地方，然后直奔目的地。"更有老师一针见血地指出："是蜜蜂引路，不是蜜蜂带路。"

问题找到了，我提出讨论题："列宁是经过怎样仔细观察、思考判断、作出正确行动的呢?"大家从列宁表面的行为，深入到列宁的内心。当他看到一群蜜蜂，想到这一定是养蜂人的蜜蜂，通过它们一定可以引着我找到养蜂人；当他看到蜜蜂从花丛飞到园子旁的小房子不出来时，列宁认定那就是养蜂人的家。

接着，我与大家共同回到课文的原句："养蜂人看见列宁，惊讶地说：'您好，列宁同志，是谁把您领到这儿来的?'列宁笑着说：'我有向导。是您的蜜蜂把我领到这儿来的'。"对话中有两个"领"，什么是"领"，拿出词典看解释。"领"：带；引。确定分号后的"引"正确，正与课题照应。

启　示

虽然这个课例是由反面教训引出的，但给我们的启发很大。学生表演

出现错误很正常，不足为怪，关键在于教师的素养有待提高。一是教师对教材的理解过于表面，浅尝辄止，“引、领”的词义模糊，对列宁行为只懂表面，未揣摩他的内心，进而理解中心比较浅显。这样的解读基础，必然发现不了学生的问题。如果不能正确深入钻研教材，做耕耘教材的主人就是一句空话。二是当学生出现问题时，也缺乏引导，比如体会列宁的内心活动，不妨进行学生入角色揣摩口语练习：“当列宁看到一群蜜蜂，想到……；当列宁看到蜜蜂从花丛飞到园子旁的小房子……想到……”会产生扭转乾坤的效果。

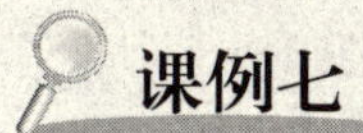

课例七

“快离开我”的两层含义

一次，当时作为区教研员的我，帮助一位教师做区《草地夜行》的公开课，我责无旁贷地帮她备课。课文描写的是在长征途中，一位老红军身陷泥潭舍己救下了小红军，充分体现出革命献身精神。最关键的情节是这样的：

天边的最后一丝光亮也被黑暗吞没了。满天堆起了乌云，不一会儿下起大雨来。我一再请求他放下我，怎么说他也不肯，仍旧一步一滑地背着我向前走。

突然，他的身子猛地往下一沉。“小鬼，快离开我！”他急忙说，“我掉进泥潭里了。”我心里一惊，不知怎么办好，只觉得自己也随着他下陷。这时候，他用力把我往上一顶，一下子把我甩在一边，大声说：“快离开我，咱们两个不能都牺牲！……要……要记住革命……”

我使劲伸手去拉他，可是什么也没有抓住。他陷下去了，已经没顶了。

这部分中，两个动作词语“顶、甩”和两句“快离开我”的语言，集中体现了老红军革命献身精神。其实，这部分内容，如果让学生独立阅读，很容易概括出“舍己救人”的品质，但是这种旱地拔葱抽出主旨精神不入心、不动心，离真正理解、真正感动相差很远。所以，需要深入品味这些语言因素。

于是，我们坐下来认真阅读。仔细分析了老红军关键情节的动作、语言。首先挖掘动作词语“顶、甩”，从“顶、甩”的关系揣摩，老红军顶得越用力，小红军被甩得越远，生的希望越大；反过来，老红军顶得越用力，反作用力会使自己陷得越深，牺牲的越快，足见老红军舍己救人的高尚品质。再看，老红军前后两次说“快离开我”的语言，我提出了疑问，两次说“快离开我”有什么不同？既然已把小红军甩到一边，为什么老红军第二次还要对小红军说“快离开我”？我们根据语境在纸上绘出示意图，如图5-3所示。

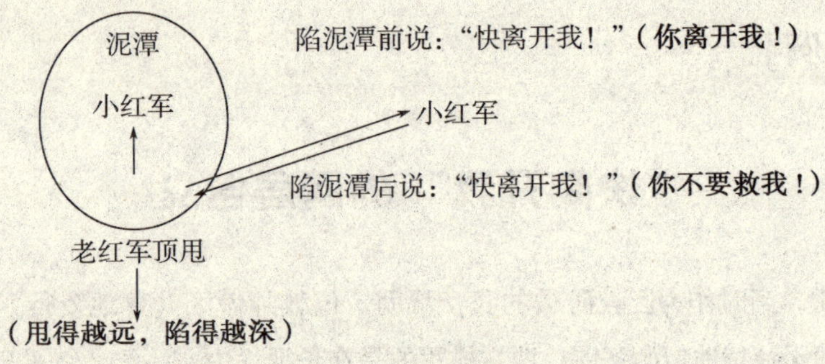

图5-3　语境示意图

图5-3让情景再现，一目了然，两次说“快离开我”的含义不同，好像看到了老红军在前面刚陷泥潭时用尽气力说“快离开我”，意思是你要离开我活下去；而当小红军已经被甩到泥潭外，已无生命危险，老红军又说“快离开我”，意思是“不要过来救我”，不仅救人之前只想到别人，而且在自己生命最后一息仍旧还想着别人，多么彻底的舍己救人啊！老红军的崇高形象历历在目，这种深化认识已不是口号，是心声。

有了这样的理解，教学设计水到渠成。我就从体会“顶、甩”关系和两句“快离开我”的不同入手，配合黑板上画的示意图，引导学生入境动情，结果收到了好的教学效果。

启　示

课文的语言文字表面是符号，实际却承载着生动情境、具体内容、思想品质、丰富情感。在语言中悟语境是学生学语言的必由之路，也是教师钻研教材

的必由之路。上面的课例清楚地表明，仅仅在文章表面跳来跳去，那种理解只能是枯燥的口号，只有透过文字去揣摩蕴涵的语境，鲜活、深入地理解就能喷薄而出，给人以感染。这是教师耕耘教材的重要素养。

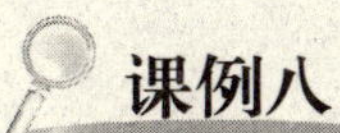

课例八

"杨氏之子"聪慧在哪——品重点句

小学语文课本中有篇传统古文《杨氏之子》，虽寥寥数语，仅 55 个字，却内涵极为丰富。全文围绕杨氏之子的聪惠具体叙述，原文如下：

梁国杨氏子九岁，甚聪惠。孔君平诣其父，父不在，乃呼儿出。为设果，果有杨梅。孔指以示儿曰："此是君家果。"儿应声答曰："未闻孔雀慧夫子家禽。"

一次，我到北京海淀区某小学听《杨氏之子》一节试教课，当老师发动学生阅读古文后，画出集中表现杨氏之子聪慧的语句，学生较容易找到"儿应声答曰：'未闻孔雀是夫子家禽。'"接着教师引导，说说杨氏之子怎么聪慧。

学生体会到杨氏之子听到孔君平指着杨梅果对他说："此是君家果。"立刻思考到杨梅怎么能是我家姓呢？于是采取以其人之道还治其人之身的办法，想到孔君平姓孔，于是以孔雀为例，说出"未闻孔雀是夫子家禽"。九岁的孩子真是善听、善思、善说，聪慧极了。应该说学生的理解到位了，但我总觉得语文的味道不浓，仅仅明白而已。

为了能够突出语文的特点，我在评课时，与这位教师共同钻研教材，品味语言因素。分解儿应声答曰："未闻孔雀是夫子家禽"一句的几处聪慧表现。采取变通的办法，在比较中体味，如图 5-4 所示。

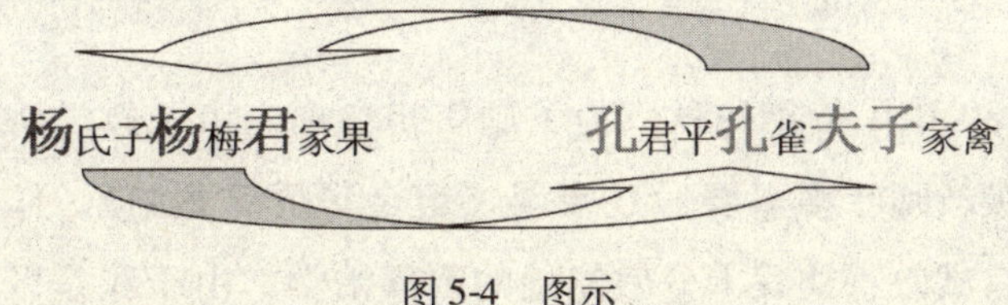

图 5-4　图示

比较1：未闻喜鹊是夫子家禽。（为什么不这样说？）

未闻孔雀是夫子家禽。（为什么要这样说？）（善看善听善思）

比较2：未闻孔雀是孔家禽。（为什么不这样说？）

未闻孔雀是夫子家禽。（为什么要这样说？）尊称

比较3：难道孔雀是夫子家禽？（为什么不反问说？）

未闻孔雀是夫子家禽。（为什么要这样说？）婉转

比较4：儿思后答曰（为什么不这样写？）

儿应声答曰（为什么要这样写？）（敏锐）

这样一比较，扣住语言因素，杨氏之子的聪慧已不再是笼统的理解，而更加丰富化、具体化、形象化，栩栩如生。那位教师也频频点头，并将这样的品味纳入教学设计中，课堂充满了语文味，获得了很好的效果。

启　示

“语文”姓“语”，这是特性、本性。语文课不能改姓，也不能杂姓。语文课要有语文“味”，这个“味”集中体现在语言文字上，钻研教材不能离开语言因素去空谈，必须蹲下来揣摩字、词、句，人文性理应融于语言工具中。杨氏之子的聪惠的语句剖析就是例证。

怎样剖析语言因素？上面的课例也提供了鲜活的方法。俗话说，有比较就有鉴别，采取假设变一变的比较方式，顿时杨氏之子的聪惠就显露出来。变静态的钻研转为动态钻研，教材蕴涵的精彩才会闪光。

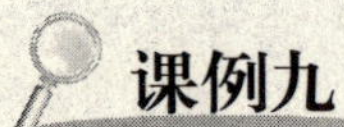
课例九

三备《记金华的双龙洞》

20世纪80年代某年初秋，为了赴广州参加六市区教学协作会，北京光明小学特级教师叶多嘉要做观摩课《记金华的双龙洞》。作为一位名师还要求在北京试教，让我十分敬佩她的严谨治学。由于我是区教研室的主

任，责无旁贷地承担了与叶老师备课的任务。我们共进行了三次集体备课，并先后在两个教学班预教。三备的经历，感想颇多。现以本课最后一段的处理为例，回顾备课过程，谈谈感受。

《记金华的双龙洞》一文结尾段只有一句话：我排队等候，又仰卧在小船里，出了洞。备课时我们揣摩作者的意图，领会到此段从内容上看，既交代了叶圣陶先生游览双龙洞的结束，又点明了返回的路线，体现出这篇游记的完整性。从写法上看，出洞虽又途经洞中众多景物，但只一笔带过，不必重复详述。这种详略得当的结构是课文精炼性的表现。在此理解的基础上我们设计了第一次教案。

(1) 学生齐读最后一段。

(2) 提问：①这段向我们交代了什么？(教师板书画回游路线)

②既然回游又经过了双龙洞的所有景色，为什么文章只写一句？(体会写法详略得当)

第一次预教，下课后几个学生围着老师提出了意想不到的疑问：“作者游览中处处都在找泉水的来路，为什么在内洞知道有上源后就出洞了，而不继续游上源呢?”这个质疑引起了我们深思，这说明第一次备教对教材理解不够。泉水是两个岩洞的奇观之一，“水线”又是作者游览的“导线”，寻水源乃是作者兴致所在。因此，读懂本篇节选的课文不能脱离原文——《记金华的两个岩洞》。促使我们阅读了叶老的原著，对照课文，进一步弄清了“出洞”的含义是走出双龙洞，但不是游览的全部结束，了解到“出洞”的原因在于从双龙洞无法游上源岩洞，只得原路返回，再拾级而上，饱览了上源“冰壶洞”的胜景。同时我们还阅读了《旅游》杂志关于双龙洞的介绍，丰富了感性认识。基于这样的认识，我们备出了第二个教案。

(1) 学生默读结尾段。

(2) 学生置疑。(估计学生会提出：作者为什么不继续找上源，而出洞?)

(3) 教师释疑。(告诉学生本课是节选，并说出出处，建议学生课外阅读原著。叶老出洞后继续饱览了上源的冰壶洞)

（4）顺势提问。1）“出洞”一词告诉我们什么？

（①回游线；②游双龙洞的结束；③游冰壶洞的开始）

2）为什么回游双龙洞只写一句话？（体会写法详略得当）

第二次在另一班预教后，学生读懂了课文，解决了疑难，课堂效果比较圆满。可是第二天经过调查，阅读叶老原著的学生却寥寥无几，这又一次引起了我们的深思。是何原因呢？看来教师解疑只让学生知道而已，并未激发学生强烈欲望，主动去探寻知识。教案只做到了告知学生，而未设计如何训练学生。因此，我们再一次坐下来，备出了第三个教案。

（1）学生齐读结尾段。（看板书画回游线，显出详略得当）

（2）教师激疑。（大家想一想，作者“出洞”后干什么去了？）

（3）学生想象。（学生可能想到：回家、休息、写游记……）

（4）教师释疑。（大家猜想得不对，作者不顾年迈、劳累，继续游览了上源的“冰壶洞”的胜景）

（5）教师引发。（同学们一定很想与叶老游览“冰壶洞”吧，本课只是《记金华的两个岩洞》的节选，在初中课本中，一看就全明白了）（学生已有求知欲望）

（6）分发材料（每人一篇《金华的两个岩洞》原文。学生争先恐后阅读）

用此教案，课上学生趣味盎然、思维活跃、浮想联篇，课后主动进行课外阅读。此教案将激疑与解疑、阅读与思维、课内与课外结合起来。

启示

回忆三备两改教案的过程，确有备无止境、其乐无穷之感。感悟很多，其中怎样钻研教材有了新的认识——在整体备课的基础上，更要“立体”备课。所谓“立体”备课，就是不局限于文章本身，以文本为依托，了解文本背后的内容，了解写作背景，翻阅有关资料。一个简单的结尾“出了洞”，并不简单，它不是游览的终点，而是续游的起点，此认识全靠教师深入了解课文后面的东西，才产生教学的延伸效果，激发学生的求知欲，扩大学生阅读面，课内外结合。可见，精读需要博览，博览促进了精

读，教师备课须向深度、广度进军。

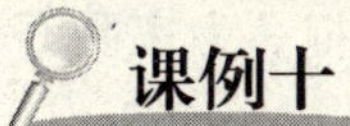

课例十

课文中心的一场争议

这是20世纪90年代的一次骨干教师培训活动，专题是如何钻研教材。我作为培训讲师，与大家共同以小学课文《麻雀》为课例，要求教师独立钻研，写出教案。我认真翻阅了交上来的所有教案，发现了一个值得研究的问题，《麻雀》一文的中心是什么，大家众说纷纭，意见不一。于是在培训会上，围绕《麻雀》的中心展开一场发人深省的研讨。

麻雀（原文）

我打猎回来，走在林荫路上，猎狗跑在我的前面。

突然，我的猎狗放慢脚步，悄悄地向前走，好像闻到了前面有什么野物。

风猛烈地摇着路旁的白桦树。我顺着林荫路望去，看见一只小麻雀呆呆地站在地上，无可奈何地拍打着小翅膀。它嘴角嫩黄，头上长着绒毛，分明才出生不久，是从巢里摔下来的。猎狗慢慢地走近小麻雀，嗅了嗅，张开大嘴，露出锋利的牙齿。

突然，一只老麻雀从一棵树上飞下来，像一块石头似的落在猎狗面前。它蓬起了全身的羽毛，样子很难看，绝望地尖叫着。

老麻雀用自己的身体掩护着小麻雀，想拯救自己的幼儿。可是因为紧张，它小小的身体发抖了，发出嘶哑的声音。它呆立着不动，准备着一场搏斗。在它看来，猎狗是个多么庞大的怪物哇！可是它不能安然地站在高高的没有危险的树枝上，一种强大的力量使它飞了下来。

猎狗愣住了，它可能没料到老麻雀会有这么大的勇气，慢慢地，慢慢地向后退，我急忙唤回猎狗，带着它走开了。

研讨会开始了，我把问题提出来：《麻雀》一文作者要表现的中心是什么？

一部分教师认为，老麻雀奋不顾身地救小麻雀，作者赞扬了老麻雀伟大的母爱。我马上问到：从哪知道是母麻雀，请在文中找根据。大家翻开教材寻找。找到的根据是“想拯救自己的幼儿。”但这只能证明老麻雀与小麻雀是亲情关系，并不能说明是母麻雀，悟中心不能想当然。大家认可了。有的教师马上进行修改：表现了老麻雀爱子的精神或赞扬了老麻雀伟大的爱心。

定位到“爱”应该是基本正确了，还需要继续深化中心。接着，大家又围绕这“爱”具体体现什么精神展开讨论（见图5-5）。

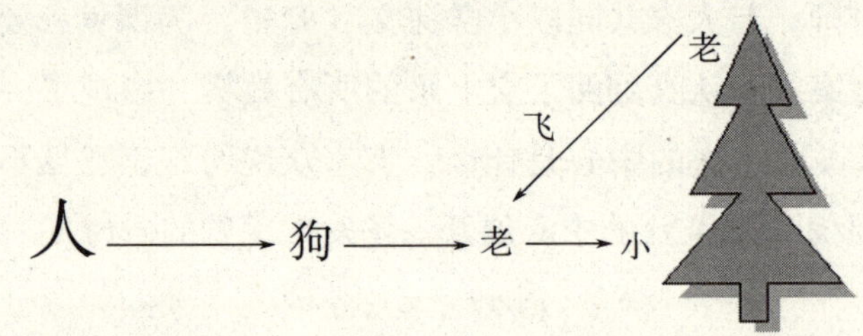

图5-5　示意图

通过品读课文，老师们感到老麻雀如果安然地站在高高的树枝上，没有任何危险，可飞下来，面对猎狗却有生命危险。为了挽救幼儿的生命，冒死拼命飞下，自己死也要孩子活下来。这种生死关头的考验，舍生忘死是爱心的最高境界。到此，似乎已经理解准确了。

其实，老麻雀爱的冲动不仅仅表现于此。老麻雀爱心的强大的力量还有更重要的动因。我又向教师提出新的思考：生命危险由谁造成？（猎狗）；麻雀比起庞大的猎狗如何？（太弱小）；面对这样的庞然大物老麻雀为何敢于冲下？（无畏）。讨论到此，文章的中心理解已有深化：表现了老麻雀舍生忘死的爱，无畏庞大的爱。

中心的理解是不是到头了？答案是否定的。我又与老师们研讨了新的问题：作者写这篇文章的意图是什么？难道只是写打猎的感慨吗？答案在文章中是没有的，需要查阅写作背景。当时，我出示了事先的查询背景资料：本文节选自《猎人笔记》，作者屠格涅夫是俄国杰出的作家。《猎人笔记》系日记体，描写俄国农奴制下的农民生活，表达了作者对农民的极大的同情和废除俄国农奴制度的愿望。作者写《猎人日记》目的是反抗貌似

强大的沙皇，预示无畏的人民必将胜利。

写作背景的引入，让老师们茅塞顿开。透过老麻雀爱的舍己、无畏，洞察出作者屠格涅夫的政治倾向和伟大抱负。文章的中心再次升华：作者赞扬了老麻雀舍生忘死的爱，无畏庞大的爱。表现了作者反抗貌似强大的沙皇，希望无畏的人民必将胜利的伟大抱负。

启示

这个课例生动地展现了钻研文章中心的渐进过程。不仅要准确地归纳出中心，而且要挖掘中心的层次，去其骨见其魂。《麻雀》一文体现的是母爱吗？不是，体现的是爱子的行为吗？也不准，应是爱的精神。但还不够，这爱的精神，不仅表现于老麻雀的爱子精神上，也体现老麻雀不畏强暴上，这正是作者感动、行动的原因。还要联系背景，更重要的是表现了作者反抗貌似强大的沙皇，无畏的人民必将胜利的伟大抱负。所以，需要“立体备课”，在整体钻“面、线”的基础上钻“体”，以文本为依托，了解文本背后的内容，了解写作背景，补充有关资料。这样钻研，利于课内外结合，利于扩大阅读面，增加阅读量，利于与搜集信息的整合。

第六章

教师要做学情的知音者

☞ 国家中长期教育改革和发展规划纲要指出：教师要关爱学生……做学生健康成长的指导者和引路人。

☞ 小学语文新课程标准：学生是学习的主体，老师是学习活动的组织者和引导者。

伯牙善鼓觅知音，
子期聆听在同心。
知己知彼方百胜，
洞察学情教者寻。

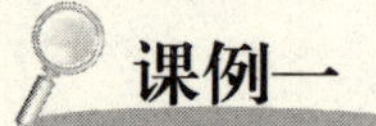

课例一

“补”睡衣引起的笑声

有一篇看图学文《周总理的睡衣》，图上画的是邓颖超奶奶带着老花镜在给周总理补睡衣。文章写的是邓奶奶安详地坐在凳子上一针一线地为周总理补睡衣。有位年轻的护士蹲在边上，捧着睡衣，为革命老前辈艰苦朴素的作风，感动地流着泪。旁边放着一个凳子，凳子上有个笸箩，里面放着从长征路上带来的针线包，针线包上的红五星闪闪发光。

一次公开课，我在听课，课堂上先后出现了两次笑声。第一次出现在

初读课文后，教师让学生质疑，学生们纷纷举手提出疑问。

生：周总理是一国的总理，这么高的职位，怎么还穿有补丁的睡衣？

生：周总理也有工资，再买件新睡衣就行了，何必补呢？

生：别人送一件睡衣，也不算什么，为什么没人送呢？

生：邓奶奶这么大岁数了，多累呀！买件算啦！为什么要补？

生：邓奶奶岁数大了，为什么不让旁边的护士补呢？

生：护士就在旁边，只顾流泪，为什么不主动替邓奶奶补呢？

这一连串的疑问，顿时引起课堂上一片笑声，笑声中包含着学生的可爱，展现着疑问的真实，笑声也引起大家的反思。

第二次笑声出现在课文中一段对护士的描写：“一位年轻的护士双手捧着周总理的睡衣，望着补丁上又匀又细的针脚，眼睛湿润了。”教师抓住这段话的“捧”，启发学生联系生活实际，体会护士捧中蕴涵的对革命老前辈艰苦朴素作风的敬佩之情：

师：同学们，联系生活实际，你们在什么情况下才用“捧”这个字？

生：我渴了，没有水碗，只好用手捧着水喝。

生：一天我买瓜子吃，为了不撒，就捧着回家。

生：我有一本书，特别厚，很重，只好捧着书看。

这样的答案事与愿违，又引起一片笑声，真实、可爱的发言同样引起我的反思。

启　示

两次笑声引起我们的许多反思：①第一次笑声是学生质疑出现，看来教师应把教师独揽提问权还给学生，使他们有机会发问，这是了解学情的好做法；②第一次笑声出现在学生许多疑问，他们以自己的眼光解读课文内容，显然不理解周总理、邓奶奶心境，但真实的可爱；③第一次笑声还让我们感到，21世纪的学生的疑问并不奇怪，学情与他们现在的生活水平有关，要理解革命年代前辈的艰苦朴素作风有很大差距。进而，想到教材的选择要适合学情。再好的内容，若离学生认知太远，也难于收到教育效果。④第二次笑声的出现在学生联系生活实际谈对“捧”的理解。学生的举例很正常，由于教师不了解学情，才出现弄巧成拙的笑声。可见，教师做学情的知音者多么重要。

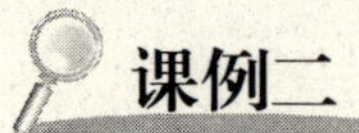

课例二

揣摩“让伞包”心理的跑偏

这是一个有问题的课例。一位老师执教《一个降落伞包》。课文原文如下。

一个降落伞包

抗日战争时期，有一次，周恩来同志从延安乘飞机到重庆去。同行的除了工作人员，还有叶挺的女儿小扬眉，她才十一岁。

飞机飞得又快又平稳。透过云层，可以看到积雪的山峰层层叠叠，好像波涛汹涌的大海。突然，飞机遇到一股强烈的寒流，机翼和螺旋桨上都结了冰，越结越厚。不大一会儿，机身也蒙上了厚厚的冰甲。飞机像冻僵了似的，沉甸甸地不断往下坠。飞机失去了平衡，机翼掠过一座座山峰，眼看就要撞着山尖了，情况十分严重。机长命令机械师打开舱门，把行李一件件往下扔，好减轻飞机的重量，还要大家背好降落伞包，准备跳伞。

大家正在忙着背伞包，忽然听到小女孩的哭声。周恩来同志立刻站起来，从摇摆不定的机舱一头，几步跨到她的面前。原来小扬眉的座位上没有伞包，她急得哭了。

周恩来同志马上解下自己的伞包，给小扬眉背上，还亲切地鼓励她说：“孩子，不要哭，要像你爸爸那样勇敢、坚强，坚决同困难和危险做斗争！”

大家看到周恩来同志不顾自己的安危，把伞包让给了小扬眉，都要把自己的伞包让给周恩来同志。周恩来同志用命令的口吻说：“不要管我！你们要沉着，别慌张……”

就在这时候，飞机冲出了寒流的包围。在阳光的照射下，冰甲开始融化了，整块整块的冰哗哗往下掉。飞机渐渐升高了，继续快速平稳地向前飞行。“咱们脱险啦！”机舱里一片欢腾。

这位教师抓住了"周恩来同志马上解下自己的伞包，给小扬眉背上"关键情节，让学生展开联想，体会周总理的内心，于是这样引导。

师：同学们，想一想，周恩来解下自己的伞包，给小扬眉背上，自己没有了伞包，会有什么危险？

生：飞机遇险，没了伞包，就不能安全跳伞。

生：周恩来就有生命危险。

师：既然周恩来知道让出伞包会有生命危险还这样做，这表现出周恩来什么精神？

生：舍己为人。

师：如果你就是周恩来，当时是怎么想的？说一说。

生：如果我就是周恩来，就想，我这么大岁数了，也活不了几天了，都是你们的。伞包给你吧！（听课老师笑了）

生：如果我就是周恩来，就想，你小，活的时间还很长，别人没关系。（听课老师又笑了）

启　示

为什么听课老师们会笑呢？这笑声不光是学生揣摩周总理的内心有偏颇，将自己家里的爷爷、奶奶平时说的话"我这么大岁数了，也活不了几天了，都是你们的。伞包给你吧！""你小，活的时间还很长，别人没关系。"硬搬到周总理的身上，这并不是周总理的内心活动。人民的总理处处为人民，身先士卒，把自己生命置之度外，这样的高尚品格离学生太远了，孩子不可能完全理解到。这笑声更是对教师不了解学情，想当然设计联想，结果弄巧成拙，揣摩跑偏，反而降低了周恩来的高尚情操。由此可见，教师要做学情的知音者，才有教学的实效。

课例三

"中部凿井法"示意图的反馈调节

这是我到北京市门头沟区听的一节公开课。教师讲的是《詹天佑》。

其中詹天佑为了开凿八达岭隧道，缩短工期，采取中部凿井法——“这样一来，六个工作面同时施工，把工期缩短一半。”表现出詹天佑的杰出与创新。学生理解的难点是对建筑工程术语生疏。教师采用语文与美术的结合，让每个学生都画示意图的办法，直观图示展现。应该说这个教法恰到好处。学生在画示意图时，教师仔细巡视学生画没画、画完了没有，并十分注意学生画得如何。他走到学生中间，仔细查看画的中部凿井图，结果大多数学生都画了一座山，山上凿两个竖井，出现多个工作面，标上六个箭头，表示工期缩短。但是普遍发现一个重大毛病，就是画的八达岭山都是又短又高，都未注意到课文对八达岭山势的叙述：“八达岭隧道长一千多米，有居庸关隧道的三倍长”。获取了真实、可贵的反馈信息。当学生都画完了，教师根据反馈信息，进行了调节，针对学生的问题，现场设计了下面的选择题。

同学们在画八达岭隧道示意图中，出现了如图 6-1 和图 6-2 所示的两种图。你认为哪种正确？为什么？从课文中找依据。

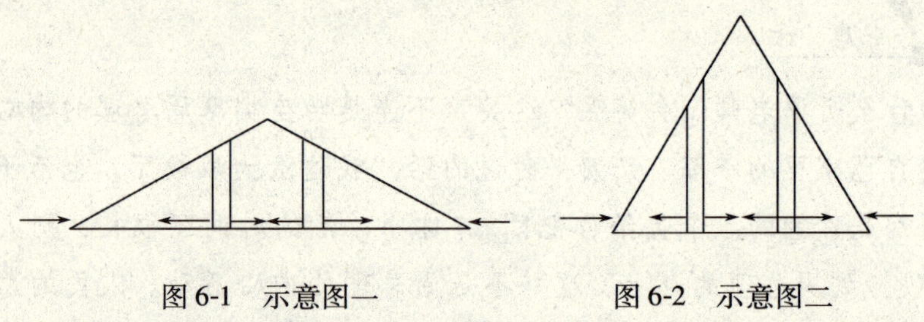

图 6-1　示意图一　　　　图 6-2　示意图二

由于图 6-2 是大多数学生自己画的样子，图 6-1 是极少学生的作品，都来自学生，讨论极其热烈，教师调控，引导启发：

师：两幅图区别在哪？

生：山势不同。

师：哪幅图的山势正确？

生：图 6-1。

师：课文根据是什么？

生：课文写道：八达岭隧道长一千多米，有居庸关隧道的三倍长。

师：图 6-2 为什么不对？

生：不符合八达岭隧道山势。

师：如果八达岭隧道山势又短又高，采取中部凿井还行吗？为什么？

生：不行，高山凿两个竖井，比凿隧道更长，那样工期更长，不会缩短。

生：不行，詹天佑这么做太傻了，费工费力费时，不会采取中部凿井法。

师：詹天佑采取中部凿井法，怎样说明他的杰出呢？

生：詹天佑事先精细调查山势，八达岭又长又矮，平缓，凿竖井简单易行，省时省力，有了竖井，下面六个工作面可同时工作，快多了，真妙呀！

师：詹天佑审时度势，技艺高超。同学们，你们为什么都画了图 6-2 呢？

生：没有联系课文。

师：对！联系上下文阅读是个好方法，今后要注意呀！

启示

这个教学，教师十分关注学情的策略，值得称道。由于教师仔细巡视学生画得如何，仔细查看画的中部凿图，结果发现一个重大普遍毛病——画的八达岭山都是又短又高，都未注意到课文对八达岭山势的叙述：“八达岭隧道长一千一百多米，有居庸关隧道的三倍长。”获取了真实、可贵的反馈信息。教师根据反馈信息，进行了调节，针对学生的问题，现场设计了以下的调控选择题，有力地解决了难题，真正体会到詹天佑的智慧，更加敬佩詹天佑的杰出。

教学是教与学互动反馈的过程，把学生学习结果返回教师，是知学情的另一手段，从而调整教与学，重新组织学习。对学生来说，查漏补缺，强化正确，纠正错误，找出差距，改进学习等；对教师来说，课堂上要时刻关注学情，及时掌握教学效果，利于及时调控、改进教学，取得最佳效果，达到提高课堂教学质量的目的。

课例四

金吉娅的“笑脸”

这是我与一位备课教师的实例，课文是《给予树》。内容写的是女孩金吉娅在圣诞节前夕，在圣诞树上发现一个陌生女孩的求助卡片，于是将妈妈给的大部分钱买了洋娃娃送给了陌生女孩，只给家人买了棒棒糖。回到家，妈妈开始不知情，当了解了真相后，为孩子的爱心而感动不已。为了深入理解下面的中心句——妈妈紧紧拥抱着女儿金吉娅，激动地说：“这个圣诞节，金吉娅不但送给我们棒棒糖，还送给我们善良、仁爱、同情与体贴，以及一个陌生女孩如愿以偿的笑脸。”这位教师设计了一个选择题。

> 妈妈激动地紧紧拥抱金吉娅的原因是（请选择）：
>
> （1）圣诞节，金吉娅没有给家人买到像样的礼物是有原因的，知道自己错了。
>
> （2）圣诞节，金吉娅不但送给我们棒棒糖，还送给我们善良、仁爱、同情与体贴，以及一个陌生女孩如愿以偿的笑脸。

我认真研究了这道题，估计学生都会选择（2），因为选项（2）是课文原句，学生可以不假思索地选择（2），但并不能说明他们能真正理解，题目设计质量不高。

于是，我与该教师仔细分析了学情：学生会普遍认识到金吉娅的善良、仁爱、同情与体贴，是她给了陌生女孩如愿以偿的一个洋娃娃，得到了想要的物质玩具，但中心句却写的是“送给我们善良、仁爱、同情与体贴，以及一个陌生女孩如愿以偿的笑脸”。送的是“笑脸”而不是“洋娃娃”，这是为什么？因为陌生女孩不仅有了物质，更享受到精神的关爱。所以，句子写了“笑脸”。这才是学生理解的难点。然后，我帮该教师修改后设计出选择题。

> “一个陌生女孩如愿以偿的笑脸”。陌生女孩为什么笑呢？就是因为得到了盼望已久的洋娃娃。你同意吗？为什么？
>
> （1）同意　　（2）不同意

引起学生讨论，深解出金吉娅不仅给陌生女孩了物质，更给了精神享受。结果，课堂教学效果很好。

启 示

思学情是备课提高教学针对性的基础。学生不是从零开始，传统的认识似乎把学生当成一个容器，一张白纸。教师一灌输，学生就得到；教师一传授，学生就获取。实际上，学生并非白纸一张，是生命。他们已有自己的知识、经验、情感储备。学生的学习也并非简单的传授，而是已有经验系统建构的过程。所以，教师备课不能只注重教材，忽视学情，否则上课就会出问题。

知学情是备课提高教学设计的关键，这需要教师有颗童心，结合文本换位思考学生的基点、疑点、难点和盲点。

融学情设计是提高教学效果的落实。教学设计不仅要抓住教材的重点，更要结合学生的难点，将重点与难点融为一体，有的放矢，事半功倍。

课例五

从“亚健康”联想到“潜错”

这次课例先从人的“亚健康”开始说起。表面看，人并没有患病的症状，但身体的内部早已有了病的“定时炸弹”，蓄势待发，这种状态被称为“亚健康”。亚健康若不提前发现、治疗，一旦得病，就晚了。学生学习也有这种情况，许多的“错误”处于潜藏状态，并未露头，称之为“潜错”，一旦遇到合适的学习情境，就会暴露无遗，形成“明错”，造成不可弥补的损失。所以，教师要防患于未然，将“潜错”从隐藏状态揭露出来。

一次，我上作文指导课，文题是《我快乐》，目的是打开思路，广泛选材。当引导学生审题目中的“我”时，有意设置引发暴露“潜错”的“陷阱”。

师：同学们，当看到作文题《我快乐》中的“快乐时”，你们认为什么是“快乐”？

生：快乐就是高兴。

师：(我面部表情严肃）你们看看老师，现在快乐吗？

生：不知道，您不笑，看不出来（快乐必须笑的“潜错”已开始显露）。

师：我给你们上课确实很快乐。那我什么地方快乐呢？

生：您心里快乐。

师：对了。你们查查词典“快乐”的解释。

生：(查后）快乐是感到幸福或满意。

师：是呀！感到幸福或满意的快乐，不一定要笑。有时哭也是快乐，有个成语是什么？

生：喜极而泣。

师：你们有哪些快乐的事，让老师分享。

生：(纷纷说出成功之乐、获取之乐、享受之乐、团聚之乐……偏窄快乐的“潜错”已开始显露)。

师：很好，谁有失败之乐、献出之乐、吃苦之乐、分离之乐呢？

生：(经过思考、小组讨论）纷纷说出，失败找到不足的快乐，捐款的快乐，劳动的快乐，离家旅游的快乐……

师：太棒了！你们对快乐有了深入的理解，更高尚了。我们再来审审题中的“我”，你认为“我”应该写谁，请用手指一指。

生：全部指向自己（只能写自己的“潜错”已开始显露)。

师：你们看老师，当我看到作文题《我快乐》中的“我”时，我可以写（也用动作指）自己、学生、桌子、文具、黑板、电灯……

生：(笑疑，“潜错”继续显露)。

师：你们笑什么？

生：您跑题了，“我”当然要写自己，怎么能写别人、别的事物呢？

师：同意这个观点的，请举手。

生：全部高高举起（“潜错”更加明显）。

师：不同意这个观点的，请举手。

生：无一人举手（“潜错”显露强化）。

师：既然这样，有下面三个学生的选材，读读、看看，他们的“我”字跑题了吗？（出示五篇短文）

（1）我叫人行横道，是保护行人过马路的卫士。因为车辆到我跟前都减速慢行。如果是红灯，车辆都自觉停下，让行人通过。行人只要从我身上走过，就非常安全。我能为交通安全做点事，是多么快乐！

（2）我是刘翔，在2008年北京奥运会110米跨栏决赛中，我面对短跑高手，信心十足，以优异的成绩，再次打破世界记录，获得金牌。我身披五星红旗，绕场一周，向观众致意。能为祖国赢得荣誉，我快乐极了。

（3）我是班上写字不好的王芳。但我不灰心，每天坚持自己认真练字一小时，经过一段努力，字越写越漂亮，功到自然成。看着自己大有进步的字，我高兴极了。

师：这几篇短文中的“我”分别是谁？

生：“我”是人行横道、刘翔、王芳。（头脑挑战）

师：跑题了吗？

生：（纷纷摇头）没有。（思索解惑）

师：又写事物，还有写别人，不是写自己，那是为什么？

生：可以把任何人或物当成“我”，就不跑题了。（恍然大悟）

师：对呀！你们猜一猜，这些小作者是怎么想出来的。

生：看到题目“我”，肯定可以写自己，从反面想想，可不可以不写自己，写别的，这样就行了。

师：对了！这样想叫什么？叫“逆向”；这样审题又叫什么？叫“开题”。这样逆向开题，有什么好处？（学到方法）

生：写的东西多了，选材广泛了。

在此基础上，学生习作《我快乐》，思路大开，选材广泛，纠正了千篇一律的作文。

启 示

现代教学论有个学生学习“无错”的原则，怎样理解“无错”呢？意思是说，学生学习时出现的错误是正常现象，学习就是由不会到会，由浅知到深知，由偏知到全知，由孤知到广知，由错知到正知。这些从某种意义上讲，学习就是不断纠正错误的过程。作为教师，面对学生的学习错误，不是坏事，不必大惊小怪，更不要害怕出现而避开、掩盖，要为学习“错误”正名，要以积极的态度欢迎“错误”的到来，这是对“无错”原则的诠释。

同时，还要看到“无错”原则中“错误”的积极意义。一是转向作用。“错误”与“正确”间两者间有着必然的联系，从控制论的原则看，“错误”是一种负反馈。犯错误后等于告诉你此路不通．须另找它途，出现拐点，冲击你迅速转向，奔向正确。二是登梯作用。古今中外许多科学发明都是在无数次失败后才享受到成功的快乐。可以说，每一次出错，都会引导着找到新的突破口，都离正确接近一步，乃走向成功的阶梯，失败是成功之母，失败中孕育着创造之子。三是对比作用。比较才能鉴别，错误能反衬正确，显现正确的关键处，引起头脑风暴。看来，课堂出现“错误”是好现象，是打破认知平衡的投石，是主动学习的曙光，是快速提升的催化剂，要比课堂所谓一帆风顺、对答如流、表面繁荣效果好。这是对“无错”原则的又一诠释。

当然，“无错”不等于不是错误，不是无视错误，不管错误，教师要正视错误，教学中努力去纠正这些学习错误，朝着正确方向迈进。这是对“无错”原则的另一诠释。

“学生犯错误”不可避免，也很正常，而且是求之不得的资源。假若学生学习不犯错误，那需要我们教师干什么。但是，许多教师对学生的“错误”怕得很，常有以下几种情况。

(1)“躲错误”。想尽办法躲，有的在课前做铺垫，掺水分；有的在课前先操练，课上表演；有的在课上只叫好学生回答……认为课上对答如流，一帆风顺，就是好课。

(2)“挡错误”。有些教师不是躲错误，而是遇到学生犯的错误采取火

来水灭，水来土挡，简单处理，不是让学生再想想，就是以换人术挡回，要不干脆老师直接告诉正确答案。

(3)“等错误”。还有些教师倒是不怕错误，但采取被动等待态度，出来就解决，不出来就算了。要知道，没有适当情境，错误往往不会出现，但不等于没有错误，一旦时机合适，就会暴露，那时就措手不及了，为何不防患于未然呢?

既然出现学习错误是个好现象，如何让学习的错误出现呢？是被动地自然出现，还是主动地让“潜错”暴露，这是教学策略中一个引起我们深思的问题。只有错误显露，才能有效解决。这就要求教师善于将学习的错误从潜藏状态引发出来，变成显露状态，以便对症下药。所以，教师有意设置学习“陷阱”，主动暴露学生的“错误”，应是教学设计的高效之举。上面课例就是例证。我设置了暴露学生学习的三个“潜错”，可以悟出教师引发学习“潜错”的规律：

(1) 乐于主动引发“潜错“的意识，这是前提。要认识到“潜错”是祸，“明错”是福，“引错”是责。

(2) 善于预测学生“潜错”功力，这是基础。教学设计是根据教学目的，思考学习难点，预测学生“潜错”是什么，这才是真正的心中有学生。

(3) 广于设计引发“潜错”的情境，这是关键。设置引错情境，形成头脑风暴；可以教师示范错误，学生评议；可以出示对比，引起争论；可以学生尝试出错，启发反思……

(4) 精于着力解决“纠错”的策略。这是目的。引发学生“潜错”只是手段，最终要由错误向正确转化。

课例六

《画风》教学导入的波折

这是我一次听课、评课的实例。执教老师参加的是全国“创新杯”赛课，课题是《画风》。课文写的是几个小朋友将看不见、摸不着的风画下来的故事，展现了善于观察与勇于创新的精神。

上课开始，在引入环节上出现了波折。老师向学生打开了精心准备的课件，屏幕上出现了一个窗户，窗户挂着一幅花窗帘，鲜艳的花窗帘在抖动。教师设计这个课件的意图是在激发兴趣的基础上，说出窗帘是由风吹才抖动的，顺势板书“风”。可学生就是不买账，事与愿违的波折出现了。

师：同学们，你们在课件上看到了什么？

生：窗户。

师：（追问）窗户上怎么了？

生：窗户上有幅花窗帘。

师：（着急）注意看看，花窗帘怎么啦？

生：在动。

师：（想紧追出“风”的回答）是什么让花窗帘抖动呢？

生：不知道。

师：（生气）这都看不出，就是“风”吹的。（板书“风”）

老师四次追问，也没有得到想要的答案，费力不讨好，只好自己草草收场。下课后，我与教师评课，当我询问清楚教师展示这个课件的意图后，有一番交谈。

我：您的目的达到了吗？

师：没达到，这班学生真费劲！

我：不能怪学生，应该怪自己呀！

师：可能是我的提问不准确吧。

我：有点关系，但是即便您的四个提问准确了，这个环节也太绕弯了。

师：为什么？

我：您想，学生生活中遇到的“风”太多了，很熟悉。什么春风、秋风、微风、台风、暴风、冷风、暖风、海风……何必做课件呢？

师：对呀！如果我上课就先板书“风”，然后发动学生用“风”组词就行了。

我：接着，您可以顺势启发。风，大家都很容易见过，可在纸上画风

就不那么容易了。板书“画”，课题出现了，自然进入课文的学习。同时通过组词，还扩大了积累，一举多得。

师：这样的设计简单、快速、有效。

我：再来分析一下，为什么您没有这样做呢?

师：只想我的引入如何有新异，没有想学生对风的熟悉。

我：很对。正因为您设计没考虑学情，才出现如此的波折。所以，教师备课要研文本，思生本。

启　示

公开课、参赛课往往会出现上面的情况，教师常常为了有新意，故意采取一些华而不实的设计，将学情抛之脑外，结果弄巧成拙。上课要做学情的知音者，一切为了学生，一切想着学生，不是为了哗众取宠，不是为了展示教师才华，不是为了名利。这不仅是公开课、参赛课时刻切记的原则，也是常态课需要牢记的原则。

课例七

评价一篇作文的反思

2011 年 7 月中旬，我应邀赴四川省雷波县为希望小学教师做培训，我有个南宁的朋友，他是某学校的领导之一，在雷波县支教。一天晚上，我们畅叙聊天，三句话不离本行，他拿出学校上学期三年级期末作文考试题及一篇学生考试作文，与我讨论。

任选一题习作（20 分）

题目：(1) 你最喜欢的季节，写一段话。(2)“六一”儿童节你的有趣活动，写一段话。

学生考试作文（得 9 分）

我最喜欢的季节是秋天。为什么呢？我不喜欢春天，因为不好写。也不喜欢夏天，南宁这里太热。不喜欢冬天，没暖气，太冷。所以只能喜欢秋天。我们这里的秋天与其他季节景色没有什么两样。六一儿童节，我没有参加什么有趣的活动。所以没选第二题。

朋友告诉我，对这篇学生作文的成绩，老师们意见分歧较大，大部分老师认为文章秋天景色写得不具体，应该不及格，几个教师认为这个学生写得真实，至少是中等文，争持不下。最后还是少数服从多数，得了不及格的9分。

他征求我的看法。我谈出三点：①这篇学生作文确实写的是真心话，心里怎么想，就怎么写，尽管没有具体写秋天景色，但符合南宁季节不分明的特点，条理清楚，语句通顺。应该得14分，得9分太低，挫伤了写真话的积极性。②透过学生作文，字里行间还渗透着写这篇作文的无奈，别的季节不好写，只得硬写，这是学情的流露。③通过这篇作文反思教师出题，正因为题目没有考虑到南宁气候的特点，没有考虑到所有学生六一有哪些活动，才造成学生写不出又不得不写的窘境。这篇学生作文是对命题的尖锐批评。

启　示

语文课标要求学生说真话、实话、心里话，不说假话、空话、套话。这篇作文真实写出了自己喜欢秋季的原因，真实地反映了当地的季节特点，真实地流露出对命题的反感和无奈。为什么大部分教师认为不及格呢？这暴露了该老师对作文写真话、抒真情的漠视，也暴露了对写具体标准的偏激，必须有细致描写、刻画细微，才算具体，作文的文学化倾向值得警惕。

这篇作文的讨论，也引起对语文考试命题的思考。只有将教材的要求与学情结合的命题，才是好题。

第七章

教师要做快乐学习的引发者

☞ 国家中长期教育改革和发展规划纲要指出：促进学生生动活泼学习、健康快乐成长。

☞ 小学语文新课程标准：语文教学应激发学生的学习兴趣……

兴趣乃是情动源，
乐寓其中习得欢。
师者课堂童心在，
引发灵动减负担。

课例一

“摩比斯圈”的神奇

为了培养学生观察、质疑、探索的能力，我上了一节专题训练课。上课伊始，我将事先准备好的一个由纸条粘成的扭曲半圈的纸圈，即有名的“摩比斯圈”，展示给学生观察：

环节1：观察。

师：同学们观察，我手上拿的是什么？用一句话表达。

生：您手上是一个白色的纸圈。

师：再仔细观察，这个白色的纸圈有什么特点？

生：纸圈有点拧。

环节2：质疑。

师：对，应该说扭曲。请大家猜猜，如果我用剪刀从纸圈的中间剪开，会变成什么？

生：（异口同声）一定是变成两个分开的较窄的纸圈。

环节3：再观察。

师：是这样吗？实践出真知。（用剪刀操作）注意观察结果。

生：（惊奇）呀！不是两个分开的较窄的纸圈，而是变成两倍长的一个大纸圈。

环节4：再质疑。

师：结果与你们猜的不一样。此时，大家有什么疑问？

生：（极高兴致）为什么会这样？

生：是不是与纸圈拧着有关系？

生：（探究）老师，纸圈拧了几圈？

环节5：第三次观察。

师：（拿给学生另一个同样的剪前的纸圈看）。

生：原来是拧了半圈。

师：请一个同学，用铅笔代替剪刀，在这个剪前同样的纸圈上用铅笔在外沿画线，一直画到线连上为止。说说结果。

生：（其他学生目不转睛地看，某学生操作后）真奇怪，线很长，我画的是纸圈的外沿，可纸圈的里边也连上了，里外连成一条线。

环节6：第三次质疑。

师：对呀！画线两倍长与剪开成两倍长的圈，是一个道理。还有什么想知道？

生：（继续探索）为什么会这样？

生：这个圈像魔术，叫什么？

生：这个圈有什么用途？

师：问得好，告诉你们，这个圈是著名的"摩比斯圈"。就是由于拧了半圈，才出现神奇的效果，接触的面比不拧的圈多一倍。里面的科学道理将来你们上初中、高中、大学就会揭开谜底。这个魔圈在生产、生活中

用途很广。比如，很多机器传动的皮带都是拧着的；录音磁带也是拧着传声，这样接触面更长，寿命长一倍。

生：真是科学呀！

环节7：第四次质疑。

师：此时，你们还有问题吗?

生：如果纸圈拧一圈还是这样吗?

生：我想回去也做个实验。

师：提得好，告诉你们，如果拧一圈结果还不一样。

生：(惊异，跃跃欲试)。

师：回去大家都做个实验，然后根据实验的过程与感想写一篇作文。

启　示

小学生对新鲜、神奇的事物有强烈的好奇心，兴趣倍增。教师就要顺应他们的年龄特点。日本心理学家龙泽武夫讲得好："新颖的刺激，趣味的刺激，矛盾的刺激，稍复杂的刺激，对于这些，儿童会瞠目而视，敞开感觉之门，即使有多少苦痛，也仍然孜孜不倦地探求。"正是这样，"摩比斯圈"看似普通，其实藏着魔幻般的奥秘，必然引起学生们的求知欲。四次观察质疑的过程也生动地证明了这个规律。

课例二

"天坛公园" 春游的故事

这是一个发人深省的课例。与北京著名的天坛公园仅有一墙之隔的天坛东里小学，因为离公园太近了，所以学生们常去公园里，对它的一切司空见惯，已失去对它的兴趣。春天到了，学校准备组织春游，某老师决定就到天坛公园春游，听到这个消息，学生一片惋惜，但也没办法，只得如此。其实，教师早已知道学生无兴趣，却有意识培养学生对司空见惯的天坛产生新的兴趣。于是对学生神秘地说："告诉你们，我带领游览天坛，你们会有新的发现，产生浓厚的兴趣。”

第二天，教师带领学生来到了熟悉的天坛。分别参观了祈年殿、寰穹宇、圜丘台。每到一处，教师都引导学生深入观察，提出启发探究的一系列问题，延伸到对景点的热爱与探求（见表7-1）。

表7-1　探求问题

景点	教师引导问题	学生发现细致处	学生感受
祈年殿	大殿是干什么用的？ 瓦为什么是蓝色？ 殿柱有多少根？ 为什么是这些根数？ 根数分别相加有何含义？	用途：皇帝祭天 殿瓦：蓝色与天相同 殿柱：外圈12根—一年12月 中圈12根—一天12时 里圈4根—一年四季 相加：外圈+中圈+里圈 24节气 28星宿	建筑很形象 带有记时功能 含有天象
寰穹宇	回音壁为什么能传话？ 三音石为什么有三音？	回音壁用壁传声 三音石的回音时间有先后	回声的科学
圜丘台	每圈石条数字？为什么？	每圈石条均是9的倍数	离天最近

学生参观时兴致勃勃，感触很深。不仅对天坛有了深入理解，更敬佩我国古代人民的高超智慧，而且对探究生活产生了浓厚的兴趣。教师顺势要求学生，将这次游览的经历写篇作文。提供下面的题目选择：

- 有意思的一次游览。
- 我发现了（　　）的奥秘。
- 啊！原来是这样。
- 我才认识了天坛。

启　示

学生的乐趣往往是表面的、暂时的，如吃好的、穿新衣、获玩具、收压岁钱……更应该有深入的、长期的乐趣。需要的是学习的兴趣、热爱生活的兴趣、探究的兴趣。这位教师组织的春游活动，从熟悉的、身边的事物中引导学生探究他们还不知道的东西，将他们表面的乐趣转化为深入的乐趣，脚踏实地，独具匠心，颇有远见。

这让我联想起我训练学生对司空见惯的熟悉的事物的探究教学。

例如，你的姓为什么与父亲一样？为什么不和妈妈姓一样？粉笔为什么是圆台形的？为什么我们的课文都是横排文字？为什么教室的桌椅中间要留走道？为什么老师上课都是站着教？为什么你们吃饭的碗都是圆形的？

学生对生活的了解往往是表面的，缺乏深入。教师应培养学生对生活现象多问为什么，有强烈的求知欲，培养他们深入探索的精神，这种精神的快乐，才是孩子终身追求享用的乐趣。

课例三

贴鼻子游戏后的认识

做游戏，在玩中学习，学生最喜欢。一次，我在课堂上先让学生们做喜欢的贴鼻子游戏，意在通过表达比较，提高认识水平。黑板上我画了一个缺鼻子的三毛头象，选出几个学生分别做贴鼻子游戏，每个学生在固定的距离不蒙眼、蒙眼贴鼻子表演两次。大家观察，看到同学贴正、把鼻子贴歪、贴在头外、贴倒……的不同效果。笑声充满课堂，兴奋异常。大家观察了同样的有趣情景，接着以《我笑了》为主题，练习具体、有条理地说说他们看到的情景。在此基础上，布置重点写出游戏后的感想，纷纷写出了不同的体会：

（1）贴鼻子游戏真好玩！笑声不断。

（2）正因为观察不细，所以蒙上眼睛就贴歪了，要仔细观察。

（3）睁着眼睛贴鼻子，一贴就准，可一蒙上眼睛，就贴歪了，说明眼睛多么重要，要保护眼睛呀！

（4）课堂上做游戏，再作文，我有的可写了。

（5）我们只几秒钟眼睛看不见，就出错，可盲人一辈子都看不见，多难啊！我们要关心帮助残疾人。

学生的认识很不同，我发动他们加以比较，为什么同样的游戏情景，却产生有深有浅的认识？分别是怎样思考的？分析不同的思考方法（见图7-1）。

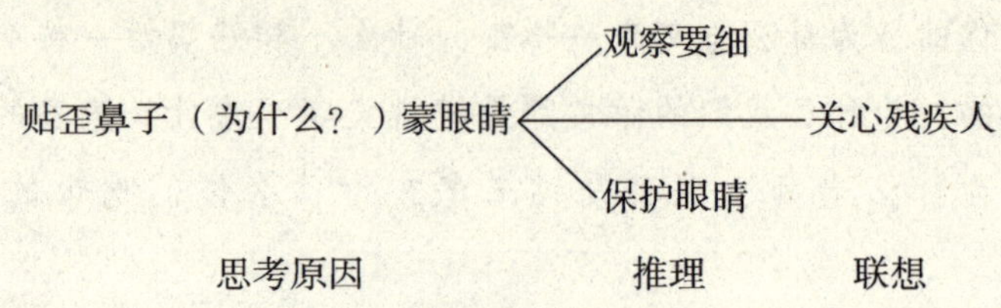

图 7-1　分析思考

在游戏中学会了深入、多角度思考，多方联想，寓学于乐。

启　示

这个课例有两点激发兴趣的启示：①玩是孩子们的天性，教师要善于利用学生喜闻乐见的游戏活动，在趣味中体验，在玩中看、玩中写、玩中学，寓学于乐；②学到窍门是兴趣的动源。课例中不仅玩游戏，更重要的是比较不同的感受，进而探究为什么有的学生想得深。让他们获得思考的方法，学到窍门，寓思于乐。

课例四

为罪犯做报告“称谓”的挑战

一次，为了训练学生在交际中正确运用词语，我设计了一个具体语言挑战情境：“同学们，一位有名的演讲家要到监狱给服刑的罪犯做报告，引导他们认真改造，重新做人。下面的听众不是一般的普通人，而是罪犯，开场时如何称呼这些罪犯呢？演讲家遇到了难题。”下面的师生对话，引发波澜。

师：开始他想，称呼罪犯“同志们”，鼓励鼓励他们，行吗？

生：不同意，他们本不是同志，现在他们正在改造，也不算同志。

师：如果称他们为同志，他就成了什么？

生：这样称呼等于把演讲家降为罪犯了。（笑）

师：是这样，演讲家又想，干脆实事求是，称呼他们“罪犯们”行吗？

生：这样不尊重人，他们会反感，也不利于改造。

师：对呀！到底怎样称呼呢？演讲家遇到了难题，同学们，你能帮助演讲家吗？

生：（学生兴趣倍增，跃跃欲试）。

师：好，请你拿起笔，在纸上写下你认为合适的称呼。

生：（写后）称呼“你们好、大家好、各位好”都行。

生：叫“男女老少好”。

生：称呼“朋友们”，和他们交心。

生：叫“同胞们”，都是中国人。

生：叫“同类们”（众笑）。

师：只剩下了区别动物的“人”啦！不合适。（笑）

生：称“先生、女士”“在座的”“兄弟姐妹”都行。

师：好的，大家帮助的积极性真高！

生：老师，到底演讲家最后确定的称呼是什么呢？

师：演讲家最后称呼他们：“暂时的失足者，有希望的改造者，未来的自由人。”

生：（掌声起）。

创设需要的情境，学生会很快进入角色，极易产生兴趣，有乐于写的欲望，语言训练得以实践。

启　示

学生的学习兴趣在于乐于思考，享受思维的快感，“挑战”则最能激发思考。所谓“挑战”是指引发思维的“头脑风暴”。人的头脑有个特点，思维追求平衡，处于平衡状态时，思考即基本停滞，满足于不再想问题。一旦有个“石子”跳入脑海，会迅速激起思维的浪花，挑战思维，形成“头脑风暴”，变成不平衡状态。此时，思维最活跃、最兴奋，最感兴趣，力求新的平衡状态。上面例子，面对罪犯，演讲家开始的“同志们”与“罪犯们”的两个极端的称呼，就挑起了矛盾，激起了学生“头脑风暴”，引发了他们积极寻求答案。这种规律启发我们，教师要善于制造“挑战”，引发学生的“头脑风暴”，自然会享受到快乐。

课例五

乐在“起笔名”的实用需要

先讲一个故事。一个年轻人曾经问苏格拉底，成功的秘诀是什么。苏格拉底要这个年轻人第二天早晨去河边见他。第二天，他们见面了。苏格拉底让这个年轻人陪他一起向河里走。当河水没到了他们的脖子时，苏格拉底趁这个年轻人没注意，一下子把他按入水中。小伙子拼命挣扎，但苏格拉底很强壮，一直把小伙子按在水里，直到他奄奄一息时，苏格拉底才把他的头拉出水面。而小伙子所做的第一件事情，就是深深地吸了一口气。苏格拉底问：“在水里的时候，你最需要什么？”小伙子回答：“空气。”苏格拉底说：“这就是成功的秘诀。当你渴望成功的欲望就像你刚才需要空气的愿望那样强烈的时候，你就会成功。”这个故事告诉我们，感到“空气”有用，就会产生需要，有了需要就有兴趣，有了兴趣就要追求，有了追求就能成功，有了成功就会快乐。如此道理迁移到语文教学同样适用。

举我做的《起笔名》作文课的课例。我先设计了三个激发学生需要写作文的环节：先说明著名作家都有自己的笔名及用处—学生评议了我的两个笔名—自己有独立起笔名的主动权。

经过酝酿，学生积攒的兴趣蓄势待发，急不可耐地要给自己起笔名，产生了起笔名的需要，纷纷冥思苦想起来。

可笔名只需琢磨一个词语即可，何必要写篇作文呢？这中间有什么联系？我在行间巡视中发现一个学生起了一个“快升”的笔名，于是亮给学生，询问学生这个笔名好不好？讨论后，认为不能确定好不好，我又追问：需要知道什么内容，才能确定？发动学生说出：他原名是什么？为什么起这个笔名？有何含义？起这个笔名有什么用？就需要写一段作文确定优劣。需要写作文的情境出现了。我顺势出示一段习作：

我的名字三个字，姓是木加子，名字是早上的太阳，叫李朝阳。意思是迎着朝阳生下了我，妈妈给我起的名多有意思！我想：我要像初升的太

阳那样，红红的、亮亮的、快快上升，好好学习，天天向上。这也是妈妈的希望呀！起个“快升”的笔名，多有意义！我一看到这个笔名，就有一股努力向上的劲头。

让学生体会“快升”的笔名起得不错。此时已不是要你写什么就写什么，而是需要写什么才写什么。乐写作文应运而生。

接着，我在上面一段话的基础上又增加了三句内容，出示后，让学生体会为什么要加上这几句？

同学们，告诉你，我的名字三个字，姓是木加子，名字是早上的太阳，叫李朝阳。意思是迎着朝阳生下了我，妈妈给我起的名多有意思！我想：我要像初升的太阳那样，红红的、亮亮的、快快上升，好好学习，天天向上。这也是妈妈的希望呀！起个“快升”的笔名，多有意义！你看，这个笔名起得不错吧！我一看到这个笔名，就有一股努力向上的劲头。有人也很想知道你起的笔名，愿意告诉他吗？

学生议论，认识到笔名就是要别人知道，需要与人亲切交流才行，所以要加上这几句内容。再次加深了交际作文的需要意识。

然后，我让学生给这篇习作出个作文题，当他们拟出“我起笔名”后……我别开生面在题目上增添了几个字——《告诉你，我起笔名啦!》，问学生为什么要加上“告诉你，啦!”？启发学生明白“笔名”必须要让别人知道，需要别人叫的，否则笔名就失去了作用。这又出现了真实的情境，渗透写作文就是给人看的，作文写前心中有读者、写中有读者、写后为读者的观念。诠释了课标指出的：懂得写作是为了与人交流。至于“啦!”的增添是抒发自豪的情感。

在这则教学中，我设计了“笔名优劣需写文”、“笔名需要别人知”的两个真实的作文情境，学生毫无被动写的痕迹，却显现出自觉乐写的冲动，笔尖流淌出与人交谈的话语，奔流出五彩缤纷的习作。

(1) 同学们，你们都知道，我姓毛，很幸运，与毛主席的姓一样，名字叫珠庆。我想，幸运的“毛”，笔名还要能带来好运。我家院子里有青竹子，我特别喜欢，“珠庆”的音与“竹青”相近，笔名就叫“毛竹青”吧。我就要像竹子那样，不怕狂风暴雨，四季青青。这个笔名多好。希望同学们以后这样叫我。

（2）雪梅，我第一个告诉你我的笔名，因为我们是最好的朋友。我的名字宋圆圆你知道。因为我长得胖乎乎可爱，妈妈就给我起了圆圆的名字。我觉得“圆”字还有团圆的意思，盼望家庭团圆，祖国团圆，多好哇！所以，笔名就叫“团圆”，我很满意，你看行吗？

（3）赵老师，告诉您，我名字叫曹聪，意思是我很聪明，爸爸妈妈也这样夸我。我喜欢读书，特别是《三国演义》，曹操力量最强大，统一了三国，我佩服他有能耐。我也姓曹，笔名就叫“曹操”。我一看到这个笔名，就有一股多动脑筋的劲头，就想多读书。这个笔名行吗？您多提意见。

启　示

人饿了，见食物就兴奋；渴了，有水很高兴；困了，见床有兴致。需要产生快乐，有用激发兴趣。学习心理同此道理。语文课程标准指出：懂得写作是为了自我表达和与人交流。能根据日常生活需要，运用常见的表达方式写作。教师就要培养学生“有用”的意识，为需而作，从而乐写会用。作文教学，不能上课伊始就拿出作文题，要求学生写。孰不知，为什么要写这篇作文，学生茫然而被动，更谈不上乐写。所以教师要设置学生需要作文的情境，这绝不是多此一举，而是在回归作文的真谛。需要情境应做到五有：有目的、有情境、有对象、有情感、有用处，就称之为“交际情境作文”。“起笔名”教学实施了“笔名有用自己定”、“笔名优劣需写文”、“笔名需要别人知”的三个作文情境。产生需求，激发了学生足够的学习兴趣。师生都进入到这个情境之中去，学生毫无被动写作的痕迹，却显现出自觉乐写的冲动，师生共同拨弄起“趣”的琴弦，谱写“理”的音符。笔尖流淌出与人交谈的“乐曲”，奔流出赏心悦目的“乐章”。

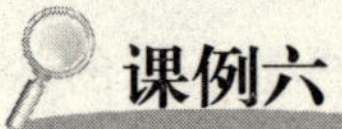

课例六

学会质疑的快乐

华人诺贝尔奖获得者李政道博士有句名言——要学问，先学“问”，不学“问”，非学问。学生敢“问”、学“问”、会“问”、爱“问”，就是一门

极为重要的学问、重要的素质。学生“问”，即发动学生“质疑”，乃是重视、激励、引导学生学“问”，它是对单纯的师问生答，重答轻问的一个挑战，是课堂结构一项重大改革。质疑的意义多层面：质疑可以引导学生深入理解课文；质疑可以促进学生探究、创新；质疑可以激活学生思维；质疑可以促进学生内部语言、外部语言的发展。质疑融多项素质培养于一身。

若从快乐的角度分析，“快乐”乃内心的满足，质疑从学生内心产生，是好奇心、求知欲的表现。想知道，这说明他们对问题感兴趣，求知欲会更强烈，质疑情趣更浓。主动探究，一旦解疑，享受获知的乐趣。大科学家爱因斯坦曾在自己的传记中写道：“我没有什么特别的才能，只不过是喜欢寻根彻底地追究问题罢了。”所以，质疑的快乐是深层次的快感。

当前，许多教师均认识到学生质疑的重要，并在教学中实施。但往往仅仅给学生时间质疑，至于怎样质疑，却很少触及，只在让问、多问、爱问上下工夫，未在会问上注意。要知道，一旦学生学会了怎样质疑的思考方式，就会提高质疑的水平，更重要的是，掌握了打开“会问”大门的钥匙，则能举一反三，享受长远的快乐。

下面举我教学生“会问”的一个质疑课例。采取先教怎么“问”，再从句子质疑试问，最后以《这句话的魅力》一课为例运用“问”的办法学习课文，一教一扶一放，享受“会问”的快乐。

环节 1：以最熟悉的粉笔入手，我拿起一支普通的白粉笔让学生观察，按照问一答一问的顺序，边问边答再探问，以实物教常规思维的质疑模式（见表 7-2）。

表 7-2　质疑模式

引“问”	实物	教师引导“问”		
思“答”	粉笔	这是什么？	它什么颜色？ （白色）	为什么是白色的？ （黑板上写明显）
			它怎样形状？ （圆台形）	为什么是圆台形？ （手拿方便，写字圆润）
			它怎样长度？ （约十厘米）	为什么十厘米长？ （与手指长度一致，不易折断）
			它采用什么原料？ （用石膏粉末）	为什么用石膏粉末？ （软硬适中，写有痕迹）
探“问”	质疑规律	什么…	怎样……	为什么……

环节2：练问，词句试练——读词句，按质疑规律提问。

(1) 这多么美丽呀！(什么地方美丽？怎样美丽？为什么这样美丽？)

(2) 她触摸春天。(她是谁？她怎样触摸春天？为什么要触摸春天？)

环节3：围绕课文文题《这句话的魅力》，学生按质疑规律提问，学习这篇课文需要解决哪些问题。

疑问1：课文中哪一句话有魅力？

疑问2：语言有怎样的魅力？

疑问3：为什么语言有魅力？

学生质疑三个问题后，按顺序解疑，自觉运用了质疑模式，理解了课文。

环节4：读课文，解疑。

这句话的魅力

在繁华的巴黎大街的路旁，站着一个衣衫褴褛、头发斑白、双目失明的老人。他不像其他乞丐那样，也伸手向过路行人乞讨，而是在身旁立一块木牌，上面写着："我什么也看不见！"不用说，他是为生活所迫才这样做的。街上过往的行人很多，那些穿着华丽的绅士、贵妇人，那些打扮漂亮的少男少女们，看了木牌上的字都无动于衷，有的还淡淡一笑，便姗姗而去了。

这天中午，法国著名诗人让·彼浩勒也经过这里。他看看木牌上的字，问盲老人："老人家，今天上午有人给你钱吗？"

"哎！"那盲老人叹息着回答"我，我什么也没有得到。"说着，脸上的神情非常悲伤。

让·彼浩勒听了，拿起笔悄悄地在那行字的前面添上了"春天到了，可是"几个字就匆匆地离去了。

晚上，让·彼浩勒又经过这里，问那个盲老人下午收入情况，那盲人笑着对诗人说："先生，不知为什么，下午给我钱的人多极了！"让·彼浩勒听了，也摸着胡子满意地笑了。

自读，解疑一：

引发争论，哪句话有魅力？

春天到了，可是（不是一句话，无魅力）

春天到了，可是我什么也看不见！（诗人添后变得有魅力）

自读，解疑二：

（1）指导学法。要解决疑问，应该学哪些段？用什么方法学？（学第二、四段，用对比方法学）

（2）学第二段，上午表现。

①读句、抓词“无动于衷”。

②品味关键词“无动于衷”。（怎样“无动于衷”？“看、笑、去”都是动，怎么是无动？查词典“衷”是“内心”，是内心不动）

③学生当行人，师采访：

- 你们看见乞丐了吗？
- 看见木牌上的字了吗？写的什么？
- 看到木牌上的字，你知道了什么？
- 你们都是巴黎的富人，兜里肯定有钱，盲老人又这样穷，为什么不给？

④感情朗读。

（3）学第四段，下午表现。

①思考找句：木牌上的字，中午后有什么变化？

②句子：“先生，不知为什么，下午给我钱的人多极了！”（体会句子的两个意思：给钱的人多；不知为什么给钱）

③朗读：读出这两个意思。

④创设联想情境　口填语句：

假如你是下午过往的行人，看到木牌上的增加后的字，

当看到木牌上的“春天到了”，我就会想到________________

当看到木牌上的“可是，我什么也看不见！”，我就会想到________我就会产生________________________

归纳，解疑三：

引发联想，激发情感，板书如图 7-2 所示。

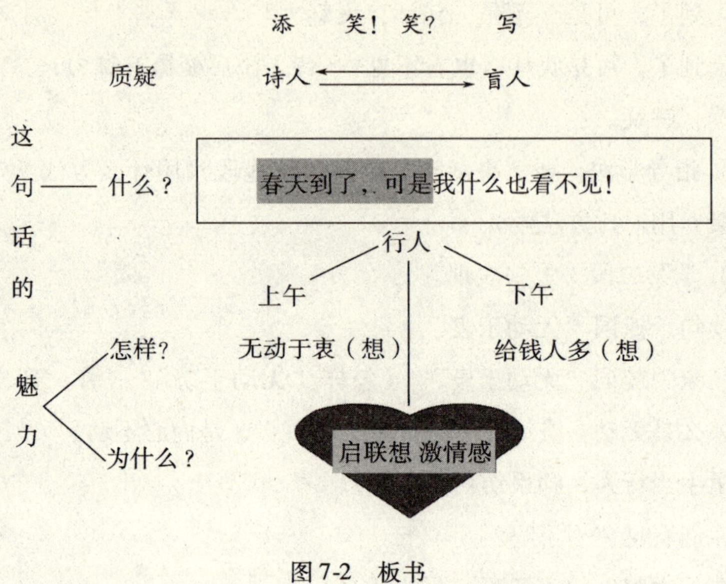

图7-2　板书

启示

学生质疑的快乐显而易见，据我的听课观察，虽然教师在引导质疑，但不同程度地存在着学生快乐不起来的几种现象：假——走走过场不快乐。教学中偶有质疑，也往往是学生质疑与教师教学分离。学生提出的问题，教师并不重视，也不解决。撇开学生疑问不管，质疑成了虚晃一枪，走走过场而已。盲——不会质疑不快乐。有些教师也重视学生质疑，只是为了调查学情，有针对地教学。只让学生质疑，不培养怎么质疑，不提高质疑水平。停——停滞不前不快乐。某些教师虽然重视质疑，但对质疑的范围过窄，仅仅停留在“这个词语我不懂”、“那个句子不明白”这些低层次的质疑水平，各个年段的质疑层次无序。学生对质疑渐渐失去兴趣。

做为小学语文教师，还要引领学生质疑向更高水平迈进。

（1）让学生懂得为什么要质疑。教师教学中，在不打击学生质疑积极性的前提下，伺机点拨，使学生逐步明确：质疑是为了探索前进，不是后退。质疑是为了解疑，不是为提而提。质疑是为了自己带着问题学，不是只把问题抛给别人。质疑是为了质真正的疑问，不是明知故问。质疑是在

于质疑的水平，不只是量的多少。质疑是贯穿始终的，不是只在课前。

(2) 引导学生在何处质疑。一般说来，应在重点处质疑、难点处质疑、疑惑处质疑等，如课题质疑、文章主线质疑、中心句质疑、矛盾处质疑、含义深处质疑。

(3) 教学生在哪些方面质疑。质疑的内容范围很宽，不是杂乱无章，是有层次的。一般说来，有五个方面：①疏通性问题，属于初读课文中提出的有关文章表现的疑问；②深究性问题，主要提出有关思想内容深层的问题；③鉴赏性问题，这是从思想内容回到语言文字，有关表达形式的赏析疑问；④延伸性问题，这往往出现在课文读懂后，学生想知道有关的扩展知识；⑤评价性问题，可以对课文的内容、情节、观点、人物、语言进行评价，提出不同看法。

(4) 教学生质疑的思维方式。不解决学生怎样思考，质疑不能算落到实处。质疑的思维方式分为硬式与软式两种。

学生在阅读写作文时常用“谁”、“什么”、“是什么”、“怎么样”、“为什么”等一类思考模式，就称为“硬性”思考，具有静止的、直接的、肯定的、唯一的、集中的特点，是思维的基础。但这还不够，应同时教给他们“软式”的思考方式。这种思考与“硬式思考”正好相反，具有发散性、动态性、预见性、形象性、灵活性，犹如散光灯，分散而不集中，范围比较广大，是创造性的温床。常见的有喻思：好比……联思：联想到……推思：将要……

变思：假如……逆思：反过来……异思：还有别的……疑思：这样对吗……

教学生思维方式的办法：教师示范性提问后，让学生仿着质疑。学习课后的思考题，品味问题的思维方式及表达方式，也能逐步学会。总结学生质疑。当学生质疑后，教师可梳理、启发学生互相学习怎样思考。

(5) 既要教学生会质疑，又要导学生会解疑。

课例七

习作题变通后的乐写

现行教材中，为了训练作文，习作题常常是范围题，题中规定了写作内容及要求，意在打开选材的思路，但是仍然很少提示“为什么写”的需要问题，被动写的状况仍没有很好地解决。

如某习作题是这样表述的：春天到了，到外面走一走，把你的发现写下来。

这样的表述，虽然内容清楚，要求明确，但学生见题，心里却觉得“春天我知道，干吗要走一走，发现什么呢？写下发现又有什么用？”这样一系列疑问造成没必要写的障碍，乐写岂不成了泡影？

所以，教师应对习作题做个变通，在符合写作训练内容及要求的前提下，创设习作题的需要情境变式，变成交际作文，激发学生写作的需求，体验到乐写的心态。

面对这种情况，不妨将习作题做以下变通，创设交际情境，若题目改为：春姑娘刚到，可冬爷爷不愿意走，把你的发现写一写，劝劝冬爷爷快去休息吧！

变通后的题目内容、要求均未变，但很明显，目的要劝冬爷爷，用发现的初春景象劝说休息为内容，以拟人手法习作，学生觉得此篇作文有用了，自然产生乐写需求，被动习作一扫而光。

再举一例。有篇习作原题要求是：百里不同风，十里不同俗。通过本组课文的学习，你对一些地方的风俗习惯是否有了更多的了解？请你将调查了解到的民风民俗加以整理，写成一篇习作。可以写节日习俗，也可以写富有地方特色的服饰、饮食、民居，还可以写新颖、别致的民间工艺品。可以是课外阅读时知道的，也可以是通过调查访问了解到的，还可以是在别的地方亲眼看到、亲身感受到的。

这也是一道范围题，题目内容明确，从调查入手，写民风民俗，而且

提供了具体方面，启发学生打开思路。但仍缺乏写的需要，本地的民风民俗学生已经了解，何必要写呢？要写给谁看呢？只能为写而写。面对这样的题目不妨做些变通，加入交际需要的情境，题目可变成：

有位第一次来到中国的法国游客，听说中国有许多有趣的民风民俗，特地来到你的家乡，"百里不同风，十里不同俗。"请你将调查了解到的民风民俗加以整理，写成一篇习作。向他做介绍，把他吸引住。

可以写节日习俗，也可以写富有地方特色的服饰、饮食、民居，还可以写新颖、别致的民间工艺品。可以是课外阅读时知道的，也可以是通过调查访问了解到的，还可以是在别的地方亲眼看到、亲身感受到的。

变通后的题目内容、要求均未变，但很明显，作文有对象了，有用了，有情感了，乐写的欲望也就有了。

启　示

语文是重要的交际工具。写文章就是为了给读者看的，可以是别人，也可以是自己。写作文前想要交际对象，作文中要心中有读者，作文后用文为读者。这是作者为读者的读写结合。上面两个例子，题目的变通，设置了表达对象，为读者而写就有了需求，从而产生主动习作的欲望。

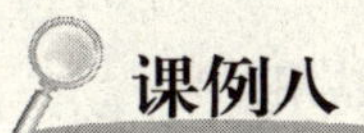

课例八

"伞"引出的系列作文

我曾教过这样一道模拟生活情境作文，先给学生讲了一个故事：

王苹的妈妈星期天到菜市场买菜，不慎将一把珍贵的伞丢失。李刚恰巧拾到了这把伞，立即交到了学校。在学校大队部的协助下，最后找到了失主。伞的经历中，一定要写一些作文，才能物归原主。请你们想想，需要写哪些文，然后将这些文写出来。

模拟情境作文出现了，引导学生思考，若想伞物归原主（这是目的），都有谁需要写作文（这是作者），给谁写最合适（这是读者），都应该写哪些作文

（这是交际需要），指导学生产生作文需要，基本思路表 7-3。

表 7-3 思路

思路目的	谁要写	写给谁	需要写什么
王苹最着急找回伞	王苹	写给拾到伞的人	寻物启事
大队部急切找失主	大队部	写给丢伞的人	招领启事
王苹收回伞需感谢	王苹	写给大队部	感谢信 1
		写给李刚同学	感谢信 2
大队部要号召队员学习	大队部	写给全体学生	表扬通告
	李刚	让李刚讲述经历	记叙文
"伞"能写作文吗？	伞	以拟人写给大家	童话

这个模拟生活情境，共需要写 7 篇作文。这 7 篇作文都是事情发展的需要而产生的。学生增强了有用的意识，很高兴写（见图 7-3）。

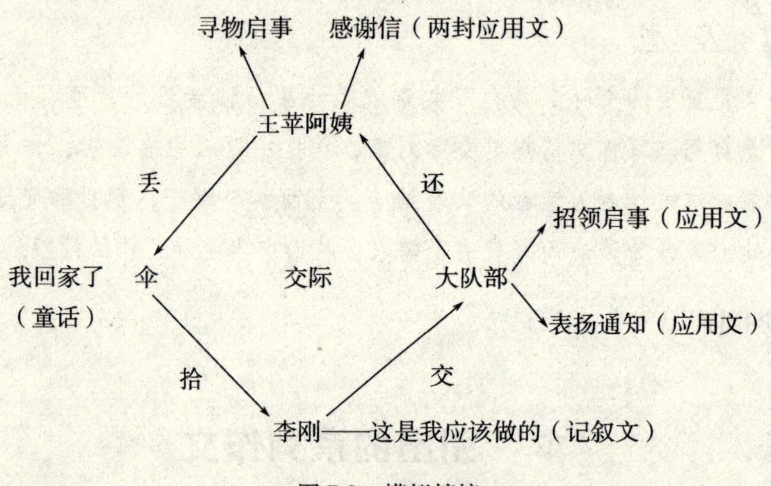

图 7-3 模拟情境

启 示

上面我们已经谈过，人的需要就是动力，有需要的情境，快乐的情感则会油然而生。课例的生活情境常见，伞的物归原主，需要写作参与完成。学生在融入生活中，自觉、自动说出应写的系列作文，感到作文并不是硬写的难事。

课例九

营造和谐的课堂气氛

每当开始上课，特别是我经常应邀借班上课，而且台下有许多听课老师时，我与学生初次见面，素不相识，生疏的面孔往往会造成学生紧张、好奇、拘束，情感距离疏远，不利于教与学。此时，如何尽快消除学生的心理障碍，开讲如何拉进师生距离，学生如何很快进入学习状态，就需要教师营造快乐和谐的课堂气氛。

教学片断如下。

师：（我与这班学生素不相识，刚刚见面）同学们，你们知道我们这节课要学什么吗？

生：学作文。

师：你们知道老师姓什么吗？

生：不知道.

师：这是实话。我是第一次给你们上课嘛！

我说三个字谜，猜一猜我的姓名。我的姓是“我走在岔路口”。

生：是“赵”。

师：我的名字是“北京的上空有日头”“王山而凑一凑”。

生：（学生纷纷在桌子上猜写）您的名字叫“景瑞”。

师：猜对了，你们真聪明！怎么称呼我？

生：赵老师。

师：还有别的称呼吗？

生：我非常惊讶，给我们讲课的居然是个“爷爷”。

师：真亲密！你为什么把我称作爷爷呢？

生：因为我看您已经有白头发了，看起来很老了。

生：我听过一句话，真人不露相，我猜您的头发可能染白的。

师：你有判断！不过，我可没染头发。就是染也应染黑，哪有染白的？(众笑）怎么形容我有白发呢？

生：白发苍苍。

师：我还有黑头发呀！将来就是“白发苍苍”，这是努力方向。

生：(笑)。

生：是“黑白相间”。

生：是“黑里透白”。

师：我头上的黑发白发并不分明，用哪两个字表示更准确。

生：雪白。

师：没那么严重。

生：(笑）斑白。

师：头发有病啦！

生：(笑）花白。

师：很准确。还有什么称呼？

生：赵先生。

师：对！我比你先生出来的。(大笑)

生：赵教授。

师：你看我瘦吗？(笑）我开了个同音字的玩笑。你们再猜猜，我最喜欢你们叫我什么？

生：朋友。

师：对极了！我们就是朋友吗，加上我的姓，一起称呼我。

生：(齐）赵朋友。

师：同学们好！开始上课。

启 示

课堂气氛看不见、摸不着，却感觉到，时时刻刻离不了。快乐和谐的课堂气氛是学生快乐学习的润滑剂和催化剂，是顺利完成教学任务的前提。而课堂气氛是由师生关系营造的，教师则处于主导地位。

从上面的教学片断，我体会到：课堂教学的师生关系非常重要，亲其师，信其道，符合小学生的学习心理。学生害怕、紧张、疏远的心态，不利于快乐学习。多年的实践，我悟到几点规律：①平等，教师不要高高在

上，以平等的角色出现与学生交流，使学生喜欢，拉近情感距离；②幽默，教师幽默的课堂语言，可使学生充满笑声，消除心理障碍，放松心态；③亲合，教师生活化的语言，像拉家常，与其对话；④练语，在交流的过程中，不丢语文学科的特点，随时关注学生的语言表达。

第八章

教师要做学程中探学法的架桥人

☞ 国家中长期教育改革和发展规划纲要指出：帮助学生学会学习。深化课程与教学方法的改革。提高教师业务素质，改进教学方法。

☞ 小学语文新课程标准：初步掌握学习语文的基本方法。

过河怎能无船桥？
学程学法缺不了。
师者不应只重果，
学习策略导向标。

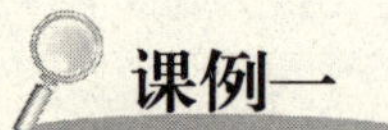

课例一

质疑"拮据"的不同教法

这是我给骨干教师培训讲学活动的教例。为了让教师重视学法渗透，我采取了台下听讲的老师先模拟一种教法，我再演示同样内容的另一种不同教法，让大家作比较。

模拟教学内容是课文《中彩那天》。当初读课文后，教师发动学生质疑，有个学生提出："老师，生字词'拮据'我不懂。"这时，做为老师如果你听了学生的疑问，打算怎么办？我就当那位学生，采访台下的不同的老师，模拟课堂开始了，同样的疑问，出现了几种处理。

我：老师，生字词“拮据”我不懂。

师1：告诉你，拮据就是生活很困难。

师2：举个例子，一家人吃了上顿没下顿，买生活用品只买最便宜的。

师3：哪个同学知道，帮帮他。

师4：你查查词典就知道了。

师5：打开课文，找到有“拮据”的句子，联系上下文就明白了。

接着，我告诉台下的老师，下面我亲自演示另一种教法（是我听过的一位优秀教师的做法），我既当老师，又当学生，将课堂的真实情况模拟出来：

生：老师，生字词“拮据”我不懂。

师：这个问题问得好！是生字词。你们有什么好办法解决？

生：老师，查查词典就知道了。

师：这个办法可以试试。大家打开词典查查“拮据”是什么意思？

生：（都查）。

师：（当大家都查后，问那个提问的学生）你查到了吗？

生：（点点头）查到了。

师：那好，你读读词典的解释，大家听听，“拮据”懂了吗？

生：老师，词典的解释我不认识。

师：（走到学生跟前，看看词典后）确实没学过，不认识。他不认识，我替他读，大家听，“拮据”懂不懂？（我读）拮据：困窘。

生：（纷纷摇头）不懂。

师：那怎么办？我们接着查“困窘”吧！

生：（继续摇头）别查了，万一再查出不认识的字。

师：看来，查词典的方法不灵了。你们还有什么办法？

生：老师，找出课文有“拮据”的句子，读读就明白了。

师：这个办法不错！按你说的办法，就请你读读课文的句子，大家听后，说说“拮据”什么意思。

生：（读课文原句）第二次世界大战前，我们家六口人全靠父亲一个人工作维持生计，生活很拮据。

师：你们知道“拮据”什么意思了吗？

生：他们家生活很困难。

生：一人挣很少的钱六个人花。

生：仅仅能维持生活。

师：对。拮据就是这个意思。大家想想，是用了什么学习方法解词？

生：联系上下文的方法。

师：好的。以后遇到不懂的词语，都可以运用这种学法。

两种教法演示后，发动听课老师集中比较在教“学法”上有什么不同？为什么不同？许多教师在评议中说：“两个教法，教‘学法’不同，一个是老师告诉的，一个是发动学生提出的。”这只是表面的认识，还未触到实质。于是我引导深入讨论：从教学目标、理念角度分析它们的不同，从而洞察出两种教学的目标不同。虽然都点出学法，但一个把学法当成教法手段处理，目的是直奔“拮据”的意思，目标只重结论。另一个则将悟学法作为教学目标，在理解“拮据”的过程中，重点让学生掌握学法。一个只得意，另一个得意中得法；一个忽略三维目标的“过程与方法”，另一个重视“过程与方法”。

启 示

语文课标明确提出的三维目标之一就是“过程与方法”。这里主要指的是“学习过程与学习方法”，课标中还多处强调“学习方法”。

- 掌握最基本的语文学习方法。
- 学会运用多种阅读方法。
- 应注意引导学生掌握语文学习的方法。
- 应重视对写作过程与方法的评价。
- 要注意考察学生修改作文的态度、过程、内容和方法。
- 要充分注意学生在解决问题的过程中所采用的思路和方法。

有句名言：学习就是学习怎样学习。学习方法是课堂取得远效的钥匙，学生自主成材的金桥，足见“学习过程与学习方法”何等重要。学习过程与学习方法既是完成教学任务的手段，更是完成教学任务的目的。

由上面两个教例的比较，不难发现，有些教师虽然让全体学生、全程参与了学习过程，可师生关注的仍然是最后的结果，只是走了过程，只是感受过程而已，并不自觉，并非掌握。所以，学生仅参与学程是远远不够的，要引导探索，掌握过程中蕴涵的方法。不仅让学生参与学习过程，更引导学生探索学习方法，作为教学目的。正是因为感觉到的东西，不一定理解它，只有理解了的，才会更深刻地感觉它。

当前，忽视、弱化学习方法的现象较为多见，表现为以下几个方面。

1. 无——过河无桥

教学中不同程度存在着“教学以读懂课文为主，教师以分析课文为主，学生以理解课文为主”的现象，充其量是“训练语言、渗透人文”，根本不触及学法，无学法指导，过河无桥。

2. 略——蜻蜓点水

教学中偶有学法，蜻蜓点水，简略一带而过，或板书一写了事，将学法仅作为知识，简化过程，简略处理。

3. 盲——瞎子摸象

随着课程改革的深入，那种教师包办学生学习过程的现象少了很多，但不难发现，虽是全体学生全程参与了学习过程，可师生关注的仍然是最后的结果，只是走了过程，只是感受过程而已，方法并不知道、不自觉，并非掌握，如同瞎子摸象。

4. 替——偷梁换柱

许多教师把学生应掌握的学法偷梁换柱，当成教法操作，当成教学手段，失去了学法的概念。

5. 灌——越俎代庖

有些教师也知道学法的重要，但以灌输的办法直接告诉学生，殊不知学法不仅有知识，更重要的是领会、掌握、运用、习惯，单凭记忆是无用的。

6. 窄——鼠目寸光

某些教师虽然重视学法指导，但对学法的范围认识过窄，只是在识字方法、写作方法上传授，鼠目寸光。孰不知，学法不仅仅是这些，还包括朗读、默读、略读、浏览的阅读方法，观察、想象、思维方法……

下面详细介绍朗读、默读、略读和浏览的阅读方法。

（1）朗读（见图8-1）

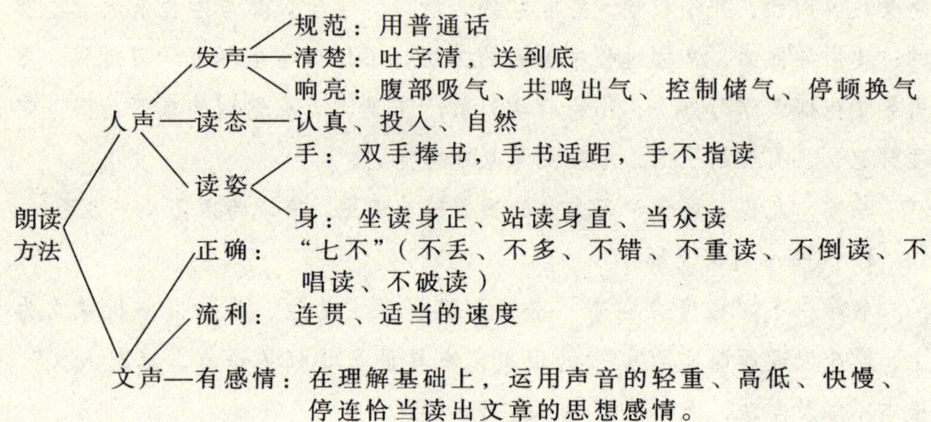

图8-1 朗读

（2）默读（见表8-1）。

表8-1 默读方法及年段目标

方法	具体标准		
	低段	中段	高段
朗读法	学习不出声、不指读	目读范围扩大	目读时心里不出声
借助图法	借助文中插图阅读	借助文中插图阅读	借助文中插图阅读
勾画批注法	按要求勾画词句	按要求勾画词句段，学习批注	主动勾画词句段，基本掌握批注
联系语境法	能结合上下文了解（词句）	能联系上下文理解（词句段）	能联系上下文理解（词句段篇）
整体把握法	练习自然段大意	归纳段意、连段意掌握主要内容	列课文提纲，概括主要内容
结合实际法	能结合生活实际了解	能联系生活实际理解文章	能联系生活积累理解文章
查找工具法	能查字典（两种查字法）	能借助字典、词典理解	能借助字典、词典理解 利用网络查阅有关资料解决问题
分析语素法	学习分析词、句的语素，理解意思	分析词、句的语素、关系、写法，理解文意、含义、情感	分析词、句的语素、关系、写法，理解文意、含义、情感
想象解读法	学习想象情景	根据文章内容想象情境	能根据文章内容想象情境

(3) 略读、浏览

集中注意法：克服散读；视读广度法：克服点读；形意直通法：克服音障；基本要素法：克服盲读；纵向扫读法：克服横读。

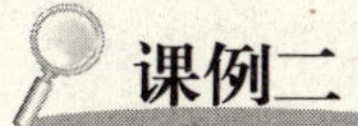

课例二

为何“单讲趵突泉”引出了学法

有篇课文《趵突泉》，描写了济南名胜趵突泉。为了让学生悟出“联系上下文理解”的学法，从课例出发，首先引导学生自学第一段：“济南有三大名胜，千佛山、大明湖、趵突泉，现在单讲趵突泉。”教师扣住“现在单讲趵突泉”设问：“作者为什么要单讲趵突泉？”由于学生未阅读后面段落，所以众说纷纭，相继答出：

生：作者到济南就看了这泉，只能单讲。(唯一)

生：作者最喜欢这泉，因此单讲。(爱一)

生：作者逐一观赏了三大名胜，现在先写趵突泉，另写其他两篇。(之一)

面对几种答案，教师不急于判断，而是设计了悟法悬念：“同学们，三种答案看来都有道理，但事实不可能都对呀！这个难题看来需要阅读方法帮忙了！”问题情境已出，学生盼望着破难的学法出现，教师顺势发动学生阅读第二段，当读到“假如没有这泉，济南定会失去一半的美”时，这个难题学生迎刃而解了。

生：有了趵突泉，济南城就增加了一半美，所以要单讲。

生：三大名胜，千佛山、大明湖、趵突泉，只有趵突泉最美，作者当然要单讲。

生：我听说济南也叫“泉城”，趵突泉最重要，不写它，等于没到过济南。

原来，趵突泉是济南的第一名胜，是泉城的由来，所以要单讲。这时，教师不失时机地追问：“为什么读第一段时问题无法解决，而读到第二段时却易如反掌呢？这里有一个好的阅读方法，你们知道是什么呢？”学生顺利地体会出：

生：课文单讲趵突泉的原因，在后面句子中找到答案。

生：读前面，要联系后面，才能解决。

生：有了问题，要联系上下文理解。

在理解课文的过程中探究了联系上下文的学习方法。

启 示

学法是让学生掌握和消化理解的，并非死记的，因此要明确“悟学法”，绝不能“灌学法”，同时也不能“藏学法”。该明示就需要亮出，若想学生“悟学法”。备课时、教学时应注意三点：一是要从具体课例中抽出学法；二是寓学法指导于语言文字训练之中；三是教师要善于让学生悟学法。常用的“悟学法”有以下几种方法。

(1) 示范法。某些新授的学法需要教师带着学生学。教师可采取教一步、亮一步，学生学一步的方法，逐步掌握办法。

(2) 回顾法。教师以教材为例，暗含学法程序，一步步操作，而后启发学生回顾刚才的学习过程，从中悟出学法，用形象化可表述为：走一段，停一下，回头看。

(3) 点拨法。教师在教学中适时点拨，让学生体会刚刚品尝的学法，从“想结论”向“悟过程”转化。

(4) 追问法。有时好的学习方法是由学生创造出来的，但往往不自觉，没有意识到，教师应及时抓住追问——“你是怎么学的”，抽出学法，变成大家的财富。

(5) 交流法。针对某项训练，发动学生畅谈自己的学习方法，互相交流，大家受益。

(6) 尝试法。先让学生尝试性地完成某项学习任务，可能会出现毛病，这正是创设的悬念，于是“学法”露面了，疑难迎刃而解，学生从中尝到了学法的奇效，对学法也印象深刻。上面的课例就是运用了这种教法。

(7) 发现法。教师有意创设学生参与学法产生的过程，让学生发现学法。

课例三

发"短信"如何写短

一次，我执教《发短信》的作文课，引导学生发现发短信的规律。首先我通过交际情境引出话题：

师：下面，请你们帮我解决一个问题。有这样一件事，我有一个亲戚叫赵伟，他是初二的学生。前几天，他到北京来玩。今天下午，要坐火车回到自己的家——西安。可是，因为我今天要给同学们上课，不能送他回家啊。而为了他的安全，我想提前告诉一下赵伟的家长。你们说，有什么办法？

生：可以打电话。（板书：打电话）

生：还可以发传真。（板书：传真）

生：还能写信。

生：反对，太慢了。一封信从北京到西安需要好几天呢，比坐火车还慢。

生：老师，我觉得寄信也可以，可以用特快专递，或者发电子邮件。（板书：电子邮件）

生：还可以发手机短信。（发短信）

生：还有一种方法。用呼机。

生：你太落伍了。

师：这么多的好办法，除了写信慢一点行不通之外，别的都比较快。但是我还得跟你们介绍一下他们家的情况：赵伟家里没有传真机，也还没买电脑呢，所以就剩下了两种办法：打电话、发短信。好，现在，老师就打电话。（老师拿起手机假装拨电话）没人接啊！

生：那我们只能发短信息了。

师：我也是这么想的。我写了短信的初稿"赵伟今天返回西安市赵景瑞"，你们觉得这则短信能写得再简明一些吗？帮帮老师。

生：我觉得可以把“西安市”删掉。

师：都删掉吗？

生：对，因为我觉得他从哪里来的，应该回到哪里去。就没必要写回到哪儿。

生：我觉得不能删掉“西安”，万一他的家长不在西安呢？只说“返回”就显得不太清楚了。

师：意见不一样了，你们交流交流。

生：我觉得“返回”一定是回到原来的地方。即使他的家长不在西安，也一定知道他是回到自己的家。

师：那“回”到底是什么意思？拿出字典来查一查。

生：(生查字典)“回”就是“从别处回到原来的地方”。

师：由此看来，省掉“西安市”三个字，还是可以把意思说清楚的。

生：我还能省字，“返”可以去掉。因为“回”已经能表示回到自己的家里了。

师：又出现了对字的理解问题，怎么办？想想刚才我们是用什么办法解决的？

生：查字典。

师：好，就照你们说的查查看。

生：(查后)“返”就是“回”的意思。

师：字典真是个好老师，可以帮助我们解决这么多疑难问题。看来“返”这个字也可以省掉了。

生：我认为“赵伟”的“赵”也可以不要。因为他父母知道“伟”就是自己的孩子。

师：你们的姓名叫什么？到家里爸爸妈妈叫你们什么？

生：我叫“王欢欢”，爸爸妈妈叫我“欢”。

生：我叫“李婷”，妈妈叫我“婷”。

生：我叫“薛志刚”，爸爸亲切叫我“志刚”。

师：是呀！只叫名，多亲热，多温馨！看来“赵”字也可以不写了。

生：您的“赵”也该去掉，叫“景瑞”即可。

师：你们要在我的姓名上动土了。(笑) 还有别的意见吗?

生：把“景”字也删去，就留“瑞”。更亲切。

生：我认为“赵景瑞”都不要。(众大笑)

生：(争论) 不行，那就不知道谁发的短信了。

生：怎么不行? 赵伟家人知道赵伟跟您去，他要回来的信息，肯定知道是赵老师发的。不写完全可以。

师：我同意了，我的姓名都不要了。(笑) 大家看看，由原来的几个字缩成了几个字?

生：12 个字变成了 3 个字“伟今回”。

师：现在，你们就是赵伟的家人，我接着删，你们接收信息（发出“今回”)。

生：不知道是您回来，还是伟回来。

师：好，改为“伟回”行了吧。

师：再改为“伟今”。

生：更不对，我不知道您在说什么。(笑)

师：看来，不能再删了，为什么?

生：再删就不明白了。

师：对呀！发短信，既要“简短”又要“明白”。把这两个词缩成一个词是什么?

生：简明！

师：对！发短信要简明是原则。是先想“简”，还是先想“明”?

生：应该先“明”后“简”。

师：简明简明，先明后简。

师：我想跟大家讨论讨论，怎样才能做到发短信息要“简明”呢? 大家看板书（见图 8-2）思考思考，上面的一行字为什么能省? 下面的一行字又为什么能省? 这里有什么规律呢? 先自己想一想，然后分组讨论。

师：每组派一个代表说说看。

生：我觉得下面那排是表示姓、地点和名称的，是收信息的人知道的事情，所以可以省略。

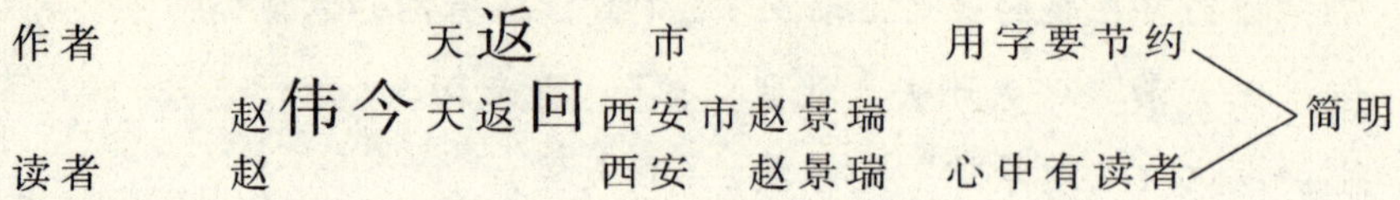

作者　　　　天返　　市　　　用字要节约
　　　赵伟今天返回西安市赵景瑞　　　　　　简明
读者　赵　　　　　西安　赵景瑞　心中有读者

图 8-2　板书

师：你的意思是说写信息的人要想着收信息的人知道什么，考虑得很深刻啊！

生：我同意他的看法，我觉得赵伟肯定会回自己的家。爸爸妈妈都知道，当然不用写上“西安”了。

师：我们来总结一下，写的人是“作者”，收信息的人呢？

生：读者。

师：也就是说写作的时候“心中要有读者”。

生：上面一排字，我觉得“天、返、市”都是可有可无的。比如，“今”就能代表“今天”。所以下一排的字都可以省掉。

师：实际上这则短信用“伟今回”这几个字就可以代表了，我们平时用水不能浪费，用纸不能浪费，用字也不能浪费啊！发短信怎样写短的方法我们掌握了（板书：用字要节约）。

启　示

课堂是融昨天、今天、明天的时间隧道。作为教师，面对今天的学生，教的虽然是昨天的知识，要为了学生明天的持续发展，着眼未来。学习方法是结果替代不了的重要素质，是形成能力、习惯的重要内容，是学生可持续发展的重要条件，蕴含明天的素养。

作文既需要具体写，也需要概括写。发短信就需要概括简洁。应强化概括训练，所以课例在教学中渗透了发短信概括的方法。学生积极参与，在不断缩减短信的过程中，从姓名的留与舍引出，与学生亲密对话，拉家常，悟出想对方可省姓氏；又引入角色，老师发，学生接信息，交际中体会明白是前提，不是越少越好。在不断的笑声中，在轻松自然情境中，从原稿中删去了“天、回、市、赵、西安、赵景瑞”九个字，最后只用“伟

今返”三个字即可。我将这去掉的九个字分成两排板书，启发学生怎样才能“短”的标准，上排——要节约用字才短，下排——想到读信息者知道的内容就不写，从而概括出“先明后简”的两条规律。

课例四

短文《葡萄》写法的四次发现

读写结合是祖国运用语言文字宝贵的传统经验。在阅读中学习写法，在作文中掌握写作方法，读写双赢。现举我“读中探写”的一个教例——短文《葡萄》写法的四次发现。原文如下：

有个很大的葡萄园。园里有茂密的葡萄架。架上爬满了粗壮的葡萄藤。藤上挂着亮晶晶的葡萄串。串串都结着又大又圆的葡萄粒。

1. 发现写作顺序

（1）用句中一个字代表每句的意思。共用四个字概括：园、架、藤、串、粒。

（2）找出这段话的写作顺序，体会为什么？

2. 发现句子衔接

有个很大的葡萄园。园里有茂密的葡萄架。架上爬满了粗壮的葡萄藤。藤上挂着亮晶晶的葡萄串。串串都结着又大又圆的葡萄粒。

（1）这段话四句间是怎么衔接的。（连珠或顶真。板书）

园——园架——架藤——藤串——串粒……

（2）谈感受（关系明、衔接紧、文流畅，见板书图8-3）。

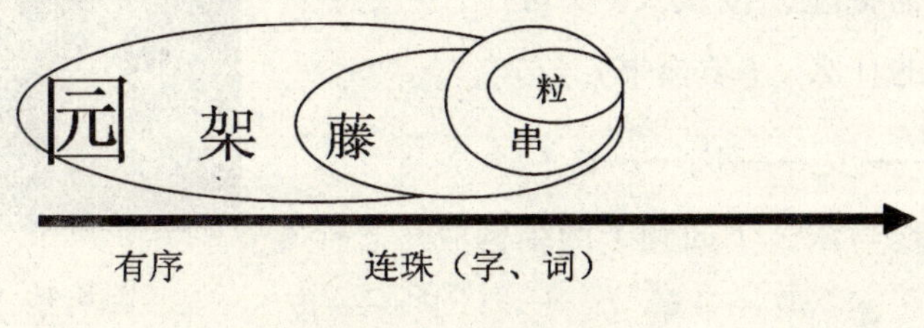

图8-3　句间衔接图

3. 发现衔接类型

阅读下面几段话，再发现“连珠”的新类型——可以词语连珠。

（1）有一片浓郁的竹林，竹林中坐着一只可爱的熊猫，熊猫正在津津有味地品尝鲜嫩的竹笋。

（2）我最爱一位老人，老人每天下午都准时来到学校，学校大门刚打开走在前面接我的是他，他就是我的爷爷，爷爷满脸笑容关心地询问我，我心里暖洋洋的。

（3）不知不如有知，有知不如求知，求知不如乐知。

4. 深化发现变通

讨论：对比同内容的两段话，哪段运用连珠好？为什么？发现变通，纠正啰嗦。

（1）我班有个同学。同学的名字叫小芳。小芳今天穿得很漂亮。漂亮的花裙子。花裙子的上面是洁白的上衣。上衣领上佩带着鲜艳的红领巾，红领巾在胸前飘荡。

（2）我班有个同学，名字叫小芳。她今天穿得很漂亮。漂亮的花裙子、洁白的上衣。上衣领上佩带着鲜艳的红领巾。红领巾在胸前飘荡。

两段比较，学生意见分歧，通过争论，得出第一段虽然每句衔接都运用了连珠，但很啰嗦，第二段却很简洁通顺。发现不必每句都使用连珠，避免重复啰嗦。

在四次发现连珠写法的基础上，进行了说写运用。

（1）接龙补说练习。观察葡萄图（见图 8-4），按照这样的顺序和衔接方法，补说这段话后面的句子。

图 8-4　葡萄

①观察葡萄粒，按从大到小的顺序想想下面应写葡萄的什么。（填板书）

霜——皮——肉——籽

②按连珠写法，下面句子的结构应是怎样？

粒（　　）霜——霜（　　）皮——皮（　　）肉——肉（　　）籽。

③小组合作接龙补说，一人说一句。

例如，有个很大的葡萄园。园里有茂密的葡萄架。架上爬满了粗壮的葡萄藤。藤上挂着亮晶晶的葡萄串。串串都结着又大又圆的葡萄粒。

粒________________霜。霜________________皮。

皮________________肉。肉________________籽。

例如，粒粒葡萄上有一层洁白的霜。霜包着深红的葡萄皮。皮里包着甜滋滋的葡萄肉。肉里藏着里米粒大的葡萄籽。

（2）现场观察赵老师，补写成一段话。可以根据开头句补写，也可以另起开头。例如，站在讲台上是位初次见面的大朋友……可以写赵朋友的外貌；可以写赵朋友今天上的作文课；也可以自写开头句。

启　示

这个课例诠释了“读中探”写法。阅读文章应是两个回合的过程：第一回合，即从语言文字入手理解文章的思想内容，是解读过程；接着是第二回合，即从思想内容回到语言文字，看看这样的思想内容是运用怎样的语言形式表达的，是探写的过程。全程是由形式到内容又会到形式，是由外到内又到外的过程，是不动笔写的读写结合。课例采取四次发现的步骤，两个运用环节，使学生掌握了聚焦、连珠的写法，为自主习作架好桥梁。目前，语文教学大量的是缺少探写的第二回合。

“读中探”写不仅仅是揣摩语言表达的技巧，更应该是全方位的探写：探观察、探选材、探构思（顺序、结构、详略、过渡、头尾）、探表达（拟题、遣词、造句、抒情、修辞、标点）。

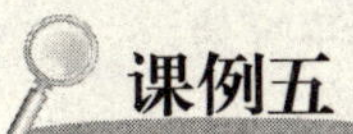

课例五

写“喝烫水”要用“耳”

我曾经上过这样一节作文课，要求怎样才能写具体，目的在于启发学生认识仔细观察具体与表达的关系，教给他们多器官观察的方法。

课上出示了一句概括的话："我喝的这碗水真烫！"于是开始了师生对话：

师：读读句子，这句话具体吗？

生：不具体。

师：下面我们共同研究怎样把句子写具体。了解一下，你们谁有喝烫水的经历？

生：（绝大部分学生举手）。

师：好，既然都有喝烫水的体验，大家想想要想写具体，需要把哪些器官观察的情况写出来？

生：嘴要喝烫水。

生：眼要看烫水。

生：手要拿水杯里烫水。

生：肚子感觉烫水。

师：对！除此之外，你们漏掉一个重要器官，还需要"耳"才能写得更具体！（板书：耳）

生：（出乎意料，吃惊，）喝水怎么能用耳？不可能。

师：先别下结论。我问问你们，当你拿起烫水杯要喝时，旁边有人看见吗？他们说了什么？

生：我妈妈看见了，忙说："孩子，别喝，刚开的！"

师：妈妈这句话说明水烫，你是用什么感觉到的？

生：（恍然大悟）耳。

师：这不是用"耳"吗？别的同学还有这种情况吗？

生：当时我奶奶说："孙子，水太热，过会儿再喝！"是耳听的。

师：不错！其实，喝烫水用耳的情景很多。请同学们结合自己实际，选择下面的内容，说说怎样用耳。

- 你喝烫水时，家人在旁说什么……
- 你喝烫水的声音，烫水撒在地上的是怎样的声音……
- 当你知道是烫水，喝了，嘴里会发出怎样的声音……
- 烫水杯掉在地上摔碎的声音……

生：我一喝烫水，马上吐了，烫水撒在地上发出“扑扑”的声音。

生：手拿烫水杯掉在地上，“啪”摔碎了。

生：我渴极了，知道是烫水，只能顺着杯边“吸溜、吸溜”地慢慢喝。

师：你们看，这些不都要用耳吗？把这些内容写出来，这句话就更具体了。所以，你们观察应该怎样呢？

生：观察不光用眼睛看，还要用多种器官观察。

师：对！就像喝水那样，耳朵也可参与观察。用多种器官观察，写作文就具体生动了。下面，拿出笔，结合自己实际，把“我喝这碗水真烫！”句子用一段话写具体。

于是，学生回忆、运用多器官观察，很快写出了具体的段落。

启　示

这个课例有两点启示：一是教师要重视培养学生掌握观察方法。观察的方法很多，见表8-2和表8-3。二是观察与写具体有密切关系。学生写不具体往往是不会观察造成的。追根寻源，解决了观察，自然写具体就容易了。

表8-2　常见观察方法表之一

类别	观察器官	举例
外部观察器	眼看，耳听，鼻闻，口尝，肤感	冬天寒风（眼看景物变化，耳听风声，肤感冷）
内部观察器	各种脏器	饥饿，干渴，疼痛，平衡

表8-3　常见观察方法表之二

观察方法	操作要求	举例
定点观察法	观察者固定一点观察事物	观察器物 观察画面
移点观察法	观察者边移动边观察事物	游览
重点观察法	在全面观察的基础上，抓住重点处观察	观察人物
分解观察法	在整体观察基础上，分部分逐一观察	观察动物

（续）

观察方法	操作要求	举例
特点观察法	抓住事物与众不同的地方观察	观察家乡
有序观察法	纵横序：上—下　左—右　远—近 低—高　外—内 事情发展　时间先后 生长过程　成长过程	观察景物 观察物、事、人
多器官观察法	运用人体的多种器官全方位观察	观察跳舞花
多角度观察法	从不同角度 观察同一事物	观察杨桃
随机观察法	抓住无意中看到的事物 有意观察	达尔文 观察吃虫的植物
反复观察法	多次观察 同一事物，每次都有新发现	观察 断尾巴的金鱼

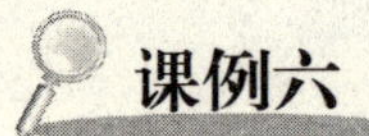

课例六

《丰碑》解读的逆向思维

有篇描写红军长征艰苦卓绝的课文《丰碑》，突出表现军需处长为了胜利而舍己的革命英雄主义精神。突出表现在下面的重点段：

一个冻僵的老战士，倚靠光秃秃的树干坐着。他一动不动，好似一尊塑像，身上落满了雪，无法辨认他的面目，但可以看出，他的神态十分镇定，十分安详。右手的中指和食指间还夹着半截纸卷的旱烟，火已被雪打灭，左手微微向前伸着，好像在向战友借火。单薄破旧的衣服紧紧地贴在他的身上。

这位冻僵的老战士就是军需处长，他已经光荣牺牲了。在冻僵十分痛苦的情况下为什么却“安详”地坐着？则是深入理解的关键，也是培养学生运用逆向思维的好契机。

正向思考：军需处长坐着在观察什么？为什么“安详”？

（1）体会：军需处长倚靠光秃秃的树干安详坐着。（他是在观察行军队伍穿着状况，这是他的职责。看到大家都穿上了发的厚衣，很欣慰）

（2）体会：他还夹着半截纸卷的旱烟，好像在向战友借火。（他在休息）

(3) 体会：单薄破旧的衣服紧紧地贴在他的身上。(看到战士穿上厚衣，自己穿单衣，冷在身上，暖在心田)

逆向思考：行军队伍观察军需处长“安详”坐着会在想什么？(会错误想到他是在观察战士穿衣状况，是在抽烟休息片刻，身体并未冻僵。这美好的骗局，不让战士来救他。多么高尚的品格!)

可利用图式启发（见图8-4）。

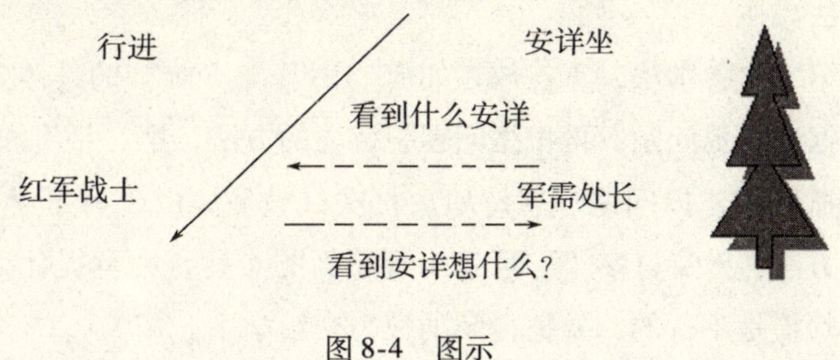

图8-4　图示

启　示

这个课例说明了思维方法对解读文章的重要性和有效性。正面想，军需处长看到红军战士都穿上棉衣，任务完成，心满意足的安详。在此基础上，启发学生逆向思考的方法——红军战士看到军需处长的安详神态，军需处长不让战士来救他。这美好的骗局，多么高尚的品格！

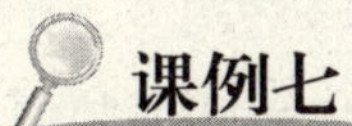

课例七

三备《寻隐者不遇》的学法

这是我与教师备课的一次经历。题目是古诗《寻隐者不遇》，原文如下。

寻隐者不遇

贾岛

松下问童子，

言师采药去。

只在此山中，

云深不知处。

意图是指导学生掌握读古诗的一种方法——把“话”变“画”。也就是说，将诗句的意境想象出生动画面。第一次备课时，我们先备出的学法步骤是：找诗“话”→思“话”意→“话”变“画”→悟诗情。试讲之后，发现学生在第三步上困难极大。到底怎样把“话”变“画”呢？不够具体，无法操作。

于是第二次备学法，重点放在如何“话”变“画”的具体方法上。摸索出先根据诗句提问题，再根据问题想诗境的方法，把“话”变成“画”。概括为：抓话语、提问题、想诗境。再次试教后，由于有了学生看得见、摸得者的方法，效果好多了。可又出现了新的难题，究竟提什么样的问题呢？靠老师提是不行的，要把提问的权力交给学生。

因此，我们坐下来第三次备学法，重点探索学生提什么样的问题，才能把“话”变成“画”。经过分析，归纳出“可提什么?”、“什么样?”、“怎么样?”一类的问题，学法步骤更趋具体化。经过实际教学的检验，效果甚好，学生运用自如。

比如，学生抓住“松下问童子”，自问自答：“贾岛问什么?”（孩子，我是你师傅的朋友，请问你师傅在吗）。抓住“言师采药去”一句诗，相继问答“谁言?”，“童子说什么?”（先生，我师傅到山上采药去了）。抓住“只在此山中，云深不知处”问“贾岛还会说什么?”（你能知道师傅具体在哪？你能带我去找吗）。“童子怎么回答?”（就在这山中，不知具体在哪，我不能带您去）。“贾岛会发出什么感慨?”（你师傅真是个隐者呀！我也要学你师傅那样）——俨然出现了一幅在云雾山中，一位仙翁般的老人逍遥自在采药养身养心的隐居者形象。以“话”说“画”，把“话”真正变成了“画”。

启 示

这个课例告诉我们，要教给学生学法，教师一定要备学法，才能引导学生探究学法。备学法需要备出几点。

(1) 备出学法指向。即本节课要进行哪个范围的学法，学法范围是指某种学法适用的语言环境。单个学法特征之一是能举一反三，具有能迁移使用的普遍规律。从另一个角度看，单个学法又不可能包医百病，又有其局限性．是一定范围内的普遍意义。所以，学法必有适用范围，乃普遍性与局限性的统一。

(2) 备出学法的操作程序。备指向是指什么学法，备步骤则指学法内容是什么。定要备出具体的操作程序，否则学生无法运用。学法程序要体现科学、有序、具体、概括，乃概括性与具体性的统一。回顾三备的过程，关键在于学法步骤的逐步具体化，让学生能够自行操作。

(3) 学法指向要一清二楚。有五项注意：一是恰当，符合课标、年级、教材、学生；二是明确；三是具体，不能笼统及空泛；四是精小，一堂课时间有限，多而大的学法不易完成，要加以分解，抓住精华，逐一解决；五是通俗，学法是让学生学的，指向要通俗易懂。

课例八

发现《繁》写错的原因

这是我20世纪80年代上的一次课。这还要从我听北京西园子小学的一节课说起。执教的老师准备的课题是《繁星》，其中“繁”是生字。由于教师对“繁”的笔画、结构指导不细，造成全班学生书写“繁”字出现错误，都把“繁”字中的“母”的第二笔出头带钩。我在评课时及时指出了错误。执教老师仔细看看生字表，并查阅了字典，恍然大悟，决定明天一定纠正。我提出，不能仅仅头疼医头，脚疼医脚，应该找出原因、摸索规律。她问我：“有什么规律?”我说：“明天我给同学们上一节课，行吗?”她高兴地说：“求之不得!”第二天，我就在这个班上了“母”字笔画的规律的一节课。

环节1：让学生听写带“母”的几个学过的字：繁、敏、每、贯。(由于没有掌握“母”在字的不同位置的规律，所以几乎所有学生都是

“母”的第二笔出头带钩）

环节2：每个学生查字典，看看“繁、敏、每、贯”中哪个字“母”出头带钩，哪个字“母”不出头带钩。（结果发现“繁、贯”不出头带钩，“敏、每”却出头带钩）

环节3：引导发现规律。什么情况下“母”的第二笔不出头带钩？什么情况下“母”的第二笔出头带钩？（经过讨论，学生发现凡是“母”字下面有其他笔画、部件，“母”第二笔不出头带钩，反之，凡是“母”字下面没有其他笔画部件，“母”第二笔就出头带钩）

环节4：引导发现“母”字的“让下”规律。想想为什么“母”字笔画有这样的变化？（学生惊奇地深入发现，由于“母”字下面有其他部件，为了避免笔画交叉，就谦让，将第二笔不出头带钩；如果“母”字下面没有其他部件，就出头带钩，字写得更加丰满。体会到汉字的变形规律，部件间蕴涵人文性和人性魅力）

环节5：“母”字迁移听写，运用规律。除了听写“繁”字外，写带“母”的另外几个字。繁、姆、惯、拇。（结果显示，由于学生掌握了方法，“惯”的“母”字第二笔不出头带钩，“姆、拇”都出头带钩）

环节6：“木”字变形延伸探索。我出示带“木”字的汉字，引导学生发现“木”字让右的变形规律。木、林、森、材、栽、村、树。

启示

学生写错“繁”字，怎么办？倘若就错论错，充其量“繁”字写对，这仅仅是近效、低效，我的教学意在实现突破，突破的关键是找到“繁”字写错的原因，进而引导学生探索“母”字的“让下”的变形规律。学生掌握了“母”在不同位置的书写方法，就能闻一知十，迁移运用，由一个“繁”字带出了带“母”字的一批字的正确书写，进而延伸到“木”字的变形探索，感受汉字的魅力，取得高效、远效。这个课例充分说明学法的重要性。

第九章

教师要做训练学生素养的搭台者

☞ 国家中长期教育改革和发展规划纲要指出：倡导启发式、探究式、讨论式、参与式教学。

☞ 小学语文新课程标准：老师是学习活动的组织者和引导者。

项庄舞剑意沛公，
借鸡下蛋市场经。
教师搭台生唱戏，
学子素养育成功。

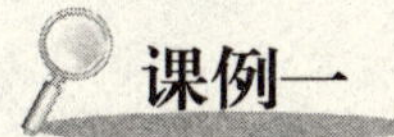

课例一

《五彩池》学生编诗

2000年，我负责指导光明小学青年教师——王文丽老师她代表崇文区参加北京市青年教师语文教学大赛，参赛的课文是《五彩池》。备课中怎样才能既品词品句、展现五彩池的奇美，又训练学生运用语言，夯实基础，体现自主、合作、探究的学习理念呢？我与她反复研究，寻找结合点，终于想出了一个办法：精心设计板书取得突破。教学最后，教师将板书的重点词语串联起来，就是赞扬五彩池的一首诗。试讲后效果不错。在学生们分别品读了“水池”、“池水”和“池底”的美丽之后，教师利用总结全文的契机，与学生合作，巧妙地将板书中的词语连成一首诗（括号里的字由学生填）：

水池无数（尽）铺展

形异大小（有）深浅

池水多彩（又）多变

池底石笋（真）壮观

（感受）瑰丽（须）晴天

这一设计既帮助学生疏理了全文，感受了大自然之美，又让学生活用了语言，体味到了语言的诗韵之美。

大家正为此设计暗暗欣赏的时候，我又提出：学语文要为学生的思维留有更大创新空间，尽可能让学生在实践中感受运用语言的乐趣。于是，我提议再增加绚丽的一笔：即学生小组合作，为诗再增加最后一句。

水池无数（尽）铺展

形异大小（有）深浅

池水多彩（又）多变

池底石笋（真）壮观

（感受）瑰丽（须）晴天

（　　　　　　　）

正式比赛那天，在市教学大赛的会场上，当场学生合作编诗，充满着创意与激情的语句，迸发出最后一句：

“五彩瑶池在人间”

“原来瑶池不在天”

“藏龙山上显奇观”

“还得站在高处看”……

所有听课教师为此设计拍案叫绝。王文丽老师在这届市青年教师教学大赛中荣获唯一的特等奖。我看到青年教师的快速成长，从感到由衷的幸福。

启示

新课标指出：“开发与相适应的课程资源。”语文教材犹如“煤块”，

可以再利用，可变成“煤球、蜂窝煤……”，它是资源，具有弹性，意在善于开发，综合利用，为学服务。语文教材又如“舞台”，借这个舞台训练学生语言。作为教师不是教教材，而是用教材教学生运用语言。看透这一点，就会在深刻钻研教材的基础上，开发练语。

分析上面课例的两次学生编诗设计的变化，足见王老师的先进理念。她开始板书的诗句，在综合五彩池的秀美的基础上，给学生预留了参与编写的空间，充分利用教材训练学生。值得一提的是，她根据学生的水平，这空间仅填几个词语，意图在于让全体学生都能参与。后来，又增加了一句创编诗，为有能力的孩子敞开了大门，搭设舞台，这种因材施教的差异教学颇具功力。

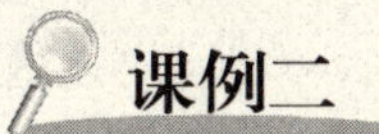

课例二

《给予树》与“三个卡片”

有篇课文《给予树》，内容叙述了金吉娅用妈妈给的钱准备为家人买圣诞礼物，可在圣诞树上看到一个陌生女孩的愿望——一个洋娃娃，于是用这些钱给陌生女孩买了洋娃娃，使她感受到人间的善良、仁爱、同情。原文如下：

给　予　树

圣诞节快到了，该选购圣诞礼物了。孩子们热烈地讨论这个话题，互相试探对方的心意，希望送出最诚挚的祝福，收到最甜蜜的笑容。让我担心的是，家里并不宽裕。我只攒了100美元，却要由5个孩子分享，他们怎么可能买到很多很好的礼物呢？

圣诞节前夕，我给了每个孩子20美元，提醒他们每人至少准备4份礼物。接着，我把他们带到一家商场，让他们分头去采购，约定两小时后一起回家。

在回家途中，孩子们兴高采烈。你给我一点儿暗示，我让你摸摸口袋，让别人猜测自己买了什么礼物。只有8岁的女儿金吉娅沉默不语。透过塑料口袋，我发现，她只买了一些棒棒糖——那种50美分一大把的棒棒糖。我有些生气：她到底用20美元做了什么？

一回到家，我就把金吉娅带到我的房间，打算和她好好谈谈。没等我问，她先开口了："妈妈，我拿着钱到处逛，本来想送给您和哥哥姐姐一些漂亮的礼物。后来，我看到了一棵援助中心的'给予树'。树上有许多卡片，其中一张是一个小女孩写的。她一直盼望圣诞老人送给她一个穿着裙子的洋娃娃。于是我取下卡片，买了洋娃娃，把它和卡片一起送到了援助中心的礼品区。"金吉娅说话的声音很低，显然因为没能给我们买到像样的礼物而难过，"我的钱只够买这些棒棒糖了……可是妈妈；我们有这么多人，已经能得到许多礼物了，而那个小女孩却什么都没有。"

我激动地紧紧拥抱着金吉娅。这个圣诞节，她不但送给我们棒棒糖，还送给我们善良、仁爱、同情和体贴，以及一个陌生女孩如愿以偿的笑脸。

一次，我指导一位教师准备区里《给予树》课文的公开课。意图是在学生阅读过程中，充分利用教材，紧扣语言因素，采取学生入境插写，即常说的小练笔，让学生亲历感受，深入理解课文。在练笔的过程中，深化课文理解，学生练习语言，达到双赢的效果。

到底在什么地方插写呢？仔细研读课文后，发现文章有三个空白点：

（1）其中一个是一个陌生小女孩写的。她一直盼望圣诞老人送给她一个穿着裙子的洋娃娃。（这个愿望没有直述，而是简单转述）

（2）于是我取下卡片，买了洋娃娃，把它和卡片一起送到了援助中心的礼品区。（金吉娅送去洋娃娃，是否可以写写祝语呢？课文没有交代）

（3）一个陌生女孩如愿以偿的笑脸。（陌生女孩一定收到了礼物，是否可以写写她的感谢？课文没有延伸）

插写处找到了，于是设计三个读中练笔，发给每个学生三个空白卡片，在卡片上分别转换角色写话，达到读写双赢：

卡片1：以陌生女孩角度，写下要洋娃娃的心愿。 （学生写出：向圣诞老人问好；求助；自己孤苦伶仃，要洋娃娃陪伴的心愿……）

卡片 2：以金吉娅角度，写送给女孩洋娃娃的祝愿。

（学生写出：祝福圣诞快乐；送给洋娃娃做礼物；以后有困难再找我；注明联系地址……）

卡片 3：以陌生女孩收到洋娃娃后，写给金吉娅的感谢语。

（学生写出：感谢金吉娅的善良、仁爱；高兴得到圣诞礼物洋娃娃；自己有了一个好朋友……）

启　示

这个课例有两点启发：一是教师要创造性地使用教材要善于在教材的空白处为学生搭建训练舞台。教材给教师、学生留出了再创造的空间。空间在哪呢？每篇课文都有简略处、省略处、概括处、延伸处，这些正是给学生练语的空间。要抓住教材的简略处求展开、省略处求补充、概括处求具体、暗含处求明朗、延伸处求续编。二是读写的双向结合。阅读促写是读写结合，以写促读也是读写结合。在课文的空白处，设计学生动笔，身临其境，用书面表达深解课文，收获读写双赢。

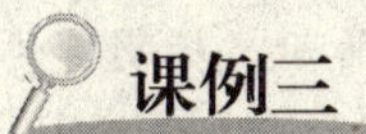

课例三

“小马过河”后还没有结束

某次，一位教师做传统童话公开课——《小马过河》。内容是写一匹老马让一匹小马过河买粮食。小马来到河边，不知河水深浅，河边的老牛告诉它水很浅，树上的松鼠却说水很深，小马不敢过，就回家问老马。老马教育小马，为什么不去试一试，实践出真知。小马明白了，二次来到河边，亲自试了试，得出结论：小河既不像老牛说的那样浅，又不像松鼠说的那样深。课文写到此就结束了。

这位教师按照事情发展顺序，引导学生理解：为何过河——不敢过河——回家问河——实践过河——河过结论。

课后，我发现了用课文训练学生还不够，评课后与老师交谈。

我：老师，这篇课文的题目是什么？

师：《小马过河》。

我：对，小马过河了吗？小马过河要干什么？

师：老马让小马到河那边买粮食。到了河边没过又返回了。

我：是呀！小马过河买粮食了吗？

师：没有，课文没写，就写到小马过了河就结束了。

我：看来，事情还没有完。课文虽然作者写完了，但我们的教学可以继续完成小马未完成的事啊！

师：赵老师，这个我没有想过。文章教完了，中心思想学生也懂了，实践出真知。您说为什么还要继续呢？

我：教师不是教课文，而是用课文教学生学用语言。阅读教学的目的不只是让学生读懂，更重要的是以课文为例，培养学生掌握语文基本能力。架课文平台，学生练语言。小马未完的事，不正是学生运用语言的好机会吗？

师：您说的很有道理。如何继续设计呢？

我：我来画个示意图，一起研究一下。（示意图如图 9-1 所示，标明延伸训练点）

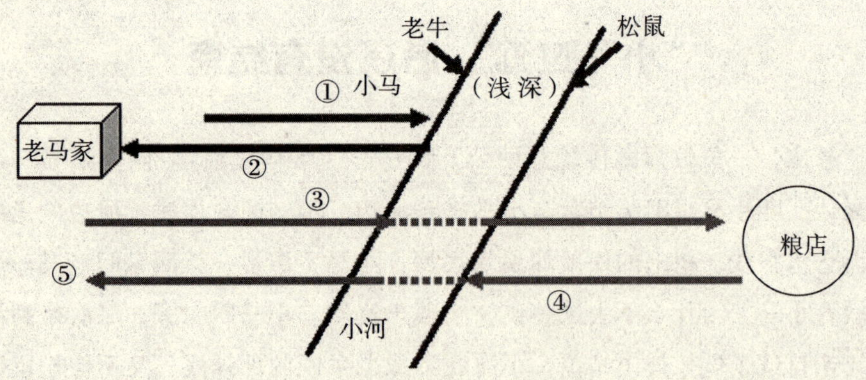

图 9-1　小马过河示意图

注明训练点：黑线①是小马要过河。

黑线②是小马回家问老马。

黑线①是小马第一次过河，河边再次与老牛、松鼠对话。

黑线④是小马第二次过河。描述小马怎样轻松地过河。

黑线⑤是最后回到家，小马怎样向老马汇报两次过河的收获。

师：真好！这样到河边小马再次与老牛、松鼠对话，可以争论河水深浅，以实践证明。小马第二次过河。可以描述小马轻松地过河，享受实践的快乐。回到家，小马向老马汇报两次过河的收获，深化了中心思想。

我：对极了。为什么你开始没有想到这样的延伸设计呢？

师：我只是重视教课文，学生读懂了就完成了任务。如何训练学生考虑不多。

我：课文要懂，但不能只为懂。课文仅仅是提供了学生练语的例子。作为教师要做教材的主人，勇于、善于创造性地开发教材，课文没写的、略写的都可以展开，为学生服务。

师：今天，我不仅对本课教学设计有提高，而且对认识教材的作用也有提升。

启　示

阅读材料中的篇篇课文，本身都有背景、有中心、有内容、有情感，老师必须读懂，理所应当。但这如同一层迷雾，迷惑了不少教师，极常见的是误将教学这些课文当成全部，误将读懂作为主要教学目标，甚至是唯一目标，课堂上充斥着串问、灌输、死记。这就把学生的培养抛在了一边，变成了学生为“文”服务，而不是“文”为学生服务，局限了教学、扭曲了教学，正是“不识庐山真面目，只缘身在此山中”。课文要懂，但从培养学生的角度看，要不仅懂，更要着眼于训练语言。课文语境也为师生与文本提供了对话的话题，听说读写有了交际的训练场。变学会为会学，独立读文能懂，举一反三，形成阅读能力及习惯。全国2010年小学语文教学研究会年会郑重提出：要与“内容分析式”教学再见。由教课文变成用课文教语言。

回顾本节的备课、评课的过程，教师要勇于、善于创造性地开发教材，先做教材“奴隶”再做“主人”。课文虽完结，但事情可延伸，小马过河买粮食回来，还要过河，与老牛、松鼠还有一番对话；小马回到家，也要向老马汇报自己两次过河的经历及感受，这都是训练学生理解表达的扩点。

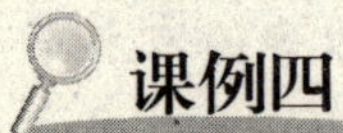

课例四

《我要的是葫芦》的续篇

这又是一个开发延伸教材、训练学生语言的课例。

有篇课文《我要的是葫芦》，写的是有一个人十分爱种葫芦，但他只盯着葫芦，希望它快快长大。叶子上长了蚜虫，他也不以为然，邻居劝他治虫，他却认为叶子上的虫与葫芦无关，结果一个个葫芦都落了。这个故事告诉学生，事物之间是互相联系的，不能片面地看问题。课文结尾写道："没过几天，叶子上的蚜虫更多了。小葫芦慢慢地变黄了，一个个都落了。"事情是结束了，种葫芦的人尝到了苦果，但也可以说没有结束。

一次我听课，有位教师就在这个结尾处开发教材，给文章添续篇。他分两步续写训练。

第一步：确定续想的角度，启发学生思考。那个人看到落地的葫芦，一无所获，会往哪些方面去想、去说、去做呢？在教师引导下，学生依据课文内容，打开思路，拟定了续想的方向。板书如图 9-2 所示。

种葫芦人会对谁说什么（续想）
- 对自己说……
- 对邻居说……
- 对葫芦说……

种葫芦人会做什么（续想）
- 朝以前想：后悔自责。
- 朝当时想：立即灭虫。
- 朝今后想：育叶、防虫、收葫芦。

图 9-2　板书

第二步：根据拟定的想象角度，展开续想的具体内容。那个种葫芦的人想什么？说什么？做什么？有了思路的依托，学生续想得既有条理又丰富。

有的朝以前想："那个人见了落地的葫芦，顿足捶胸，后悔极了，当初为什么不听邻居的劝告及时治虫呢？吃一堑长一智，我明白了，叶子是给葫芦提供营养的，没有叶子哪有葫芦呀！"

有的想到当时的情景："葫芦落了没关系，跌倒了爬起来，赶快补救。他立刻抓住葫芦藤，仔细地除掉叶上的害虫，盼望着长出二茬葫芦。"

也有的朝今后想："第二年春天，种葫芦的人吸取了去年的教训，又施肥又除虫，葫芦叶茁壮地生长着，葫芦结得赛过大南瓜。"

丰富的续想开发资源，巩固了理解、深化了中心、训练了语言。

启　示

这个课例给我们以下几点启发：①教材是为学生服务，不是学生为教材服务；②善于在课文结尾处开发教材，为学生开辟语言的训练场；③先启迪思路，再练习续篇。这样，就使续想更加全面、深入，防止盲目的乱想。训练多角度求异思维，培养创新思维，这设计颇具匠心。

课例五

成语"惊弓之鸟"的运用

下面的是我设计的《惊弓之鸟》的第二课时的教案。课文原文如下：

惊弓之鸟

更赢是古时候魏国有名的射箭能手。

有一天，更赢跟魏王到郊外去打猎。一只大雁从远处慢慢地飞来，边飞边鸣。更赢仔细看了看，指着大雁对魏王说："大王，我不用箭，只要拉一下弓，这只大雁就能掉下来。"

"是吗？"魏王信不过自己的耳朵，问道，"你有这样的本事？"

更赢说："请让我试一下。"

更赢并不取箭，他左手拿弓，右手拉弦，只听得嘣的一声响，那只大雁直往上飞，拍了两下翅膀，忽然从半空里直掉下来。

“啊!”魏王看了，大吃一惊，“真有这样的本事!”

更羸笑笑说：“不是我的本事大，是因为我知道，这是一只受过箭伤的鸟。”

魏王更加奇怪了，问：“你怎么知道的?”

更羸说：“它飞得慢，叫的声音很悲惨。飞得慢，因为它受过箭伤，伤口没有愈合，还在作痛；叫得悲惨，因为它离开同伴，孤单失群，得不到帮助。它一听到弦响，心里很害怕，就拼命往高处飞。它一使劲，伤口又裂开了，就掉了下来。”

我在研读课文时发现，牵一发而动全身的“牛鼻子”是“嘣”字，一切都是这个象声词“嘣”引出的。更羸只让鸟听“嘣”，由于鸟怕“嘣”才直掉，更羸的才能就能在知晓鸟怕“嘣”声。因此，教学要紧紧扣住“嘣”字，在品语句赏魅力的过程中，学生懂成语故事、懂成语。

我进而思考，学习成语仅仅让学生懂成语吗?成语是流传下来的瑰宝，还应流传下去，就需要积累、运用成语。如此说来，教学应定位在成语的懂、积、用上面。设计的教学结构：一懂成语，谁怎样让鸟惊“嘣”——鸟怎么惊“嘣”直掉——鸟为什么怕惊“嘣”；二运用成语，发动学生如何运用成语，课文本身并没有写成语的使用，就需要创设情境，为学生搭建运用的舞台。在这样的指导思想下，我安排了用成语设计的具体环节。

1. 古代运用“惊弓之鸟”

（1）讲古代战例用成语故事（出处：汉朝刘向《战国策・楚策四》，见图9-3）。

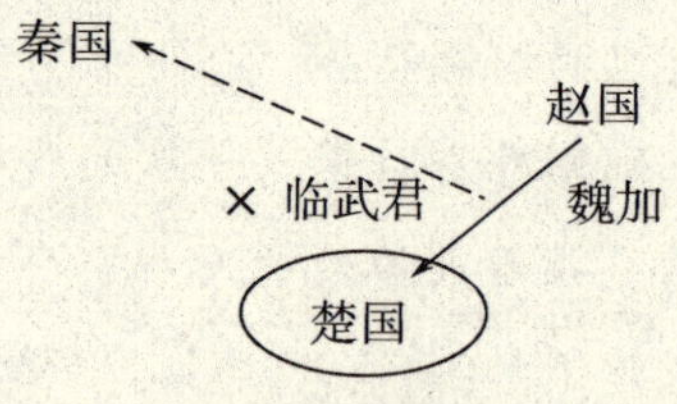

图9-3　楚策

赵国派使者魏加去楚国，与楚相春申君商讨联盟抗秦事，魏加问拟以何人为主将，春申君回答拟派临武君为主将，魏加认为不妥，就引用“惊弓之鸟”的故事。读“惊弓之鸟”古原文：“雁从东方来，更羸以虚发而

下之。魏王曰：'然则射可至此乎？'对曰：'其飞徐而鸣悲。飞徐者，故疮痛也；鸣悲者，久失群也，故疮未息，而惊心未去也。闻弦音，引而高飞，故疮陨也。'

临武军曾被秦军打得大败，对秦军尚有余悸，就像被射伤的鸟，听到弓弦声就惊慌掉下来，这样的人不宜当主将。于是楚王接受意见，换将。

（2）师生模拟角色表演，运用成语。先小组练习，再师生合作，我准备扮演楚王，学生扮演魏加。

2. 试用"惊弓之鸟"成语

（1）根据下面内容，用"惊弓之鸟"造句。

①电影《平原游击队》中，日本鬼子只要一听到李向阳的名字，就闻风丧胆。

②自选内容。

（2）与这个同样意思的成语有哪些（杯弓蛇影、草木皆兵、谈虎色变、心有余悸、一年被蛇咬十年怕井绳）。

启　示

这个教学设计给我以深刻启示，学生阅读课文不只读懂而已，还要学习运用。在得意中还要得"言"，得"言"包括理解语言、欣赏语言、评价语言、积累语言、运用语言。阅读教学设计需要开发教材，沟通课文内外的知识，增加学生语文实践的机会。创设像课例中"成语由来介绍"、"古代运用表演"、"现代内容造句"、"积累同类成语"的应用环节，借文搭台，学生唱戏。

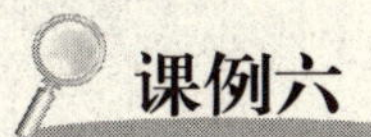

课例六

搭建《三个儿子》的五个训练平台

有一次，我帮助北京市延庆区下屯小学的闫芳老师备课，她要带着《三个儿子》的教案参加全国"创新杯"大赛。课文《三个儿子》描写三个儿子看到三位母亲提水，一个只顾唱歌，一个只顾练翻跟斗，而另一个却跑上前帮妈妈提水。他们的表现让一位老爷爷看到了，三位母亲对老人说这就是她们的好儿子，老人却对三位母亲说了一句意味深长的话："三个儿子？"老爷爷说，"不对吧，我可只看见一个儿子。"这句话蕴涵着中心，人文性很明显，利于进行孝顺父母的教育。

闫芳老师设计的初步教案虽然抓住了这句解读，但只是要求学生读读句子，随便说说感受，体会要孝顺，再感情朗读。这样的教学无疑是浮皮蹭痒，语言文字只是接触而已，人文教育概念化，不到位，没有给学生搭起语言工具训练的展台，环节"到了"，但谈不上"到位、到家"。于是，我指导她深入备课，揣摩句中的训练点，帮她设计出五个扩展平台。

训练平台1：读句填空。老爷爷说："不对吧，我可只看见（哪个，什么样的？______）的儿子。"（突出运用语言准确表达，解读一个儿子的句意，孝顺教育蕴涵其中）

训练平台2：读句质疑。难道老爷爷没有看见另外两个儿子吗？为什么老人不直接说，却要藏而不露呢？（启发学生提问，进入语句情境，知道老人是装作没看见，并探究为什么）

训练平台3：补句朗读。老爷爷说："不对吧，我可只看见（哪个，什么样的？______）儿子。"装作没看见（怎样的？______）的儿子，是因为（______）。（继续运用语言说写准确表达，进入语句情境，解读另两个儿子的句意，对比中体会孝顺。并体会深层含义：老人知道孩子不懂孝顺是家庭教育的失误，老人不直接批评孩子，又要启发家长与孩子自悟，足见老人教育有方）

训练平台4：读句延伸。听了老爷爷的话，后面又会发生什么？（学生推理想象，通过质疑，想知道听了老爷爷的话，将会发生三个妈妈、三个儿子、老人的对话。延伸课文情境如图9-4所示）

训练平台5：角色续说对话。自选一个角度，练习对话。

- 听了老爷爷的话，三个妈妈会与老爷爷互说……
- 听了老爷爷的话，三个孩子与老爷爷互说……
- 听了老爷爷的话，三个孩子与自己的妈妈互说……
- 听了老爷爷的话，三个孩子互相说……

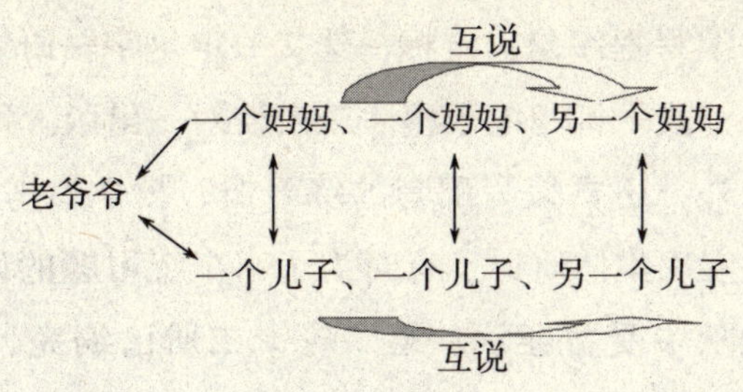

图 9-4　延伸课文情境

• 听了老爷爷的话，三个妈妈互相说……

在大赛课堂上，此教案设计得到评委的一致好评，荣获一等奖。

启　示

如何提高语文课堂教学的实效性，是大家关注的焦点。原因之一就是当前课堂教学不同程度地存在低效、无效、负效，归纳起来，语文素养的培养有的根本“没有到”，有的只是“到了，而不到位”，有的“到位了，却不到家”，有的“到家却不落脚”。归根到底是没有抓住语文教学的实质——教材为了学生，设计想着学生，训练帮助学生。

以上的设计归根到底是抓住了教材为学生的真谛。将课文语句再次开发，搭建《三个儿子》的五个训练平台，将孝顺教育融于质疑、扩句、说话、交际过程中，润物细无声，工具扎实、夯实训练、扩展想象，真正“落脚了”。

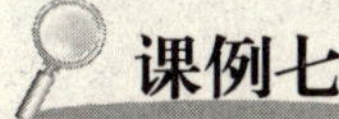

课例七

一道训练题的几次改动

2001 年 7 月国家《语文新课程标准》颁布，这是语文教学界的一件大事。北京市为了贯彻新课标精神，要新编小学语文教材。我成为八个编著者之一。有人说：“编教材这条船不好上，也上不好，还下不来。”但我认为却是机遇与挑战并存，光荣与辛劳并肩。

从第一册编起，滚雪球似的往上编，为了赶上学生使用，都有限定的时间表，每册教材编写程序是：定标—选文—定生字—研练习题设计—送审—根据审查意见修改—打印电子稿—三次校对—出版。每册每人主负责一个单元。除此之外，还要编写配套的练习册、教学参考书、自读课本。每册教材都要经过多次集体研讨，有时为了一个练习题的设计竟讨论、争论一个多小时，我从中受益匪浅。第一轮十二册已编完。随着课改的深入，实验使用的情况，版本的改变，北京小学语文教材又进行了第二轮的修定，到2010年底已修改完成。

这段编教材的实践，对我的积淀大有裨益。首先更深刻地认识教材的重要作用：它是理念的体现，教学的依据，教改的导向，学语的途径，语言的规范，考核的根据。它必须要“三严”——严肃、严格、严谨。

其次，在编写的过程中，为了一篇文章的选入、一个练习题的设计、一个词语的推敲，都要讨论多时，为了学生，为了教学，真是精益求精，精雕细刻。有这样一个例子，我在编写第十册《跳水》的课后一道练习题时，就经历了几修几改的过程。

《跳水》一课叙述了一艘大海中航行的轮船甲板上，由于水手逗猴子，猴子放肆，把孩子的帽子抢走，孩子不顾一切追猴子，走到轮船桅杆的顶端，命悬一线。最后，船长以开枪命令孩子跳水，才转危为安。文章的中心是称赞船长机智果断、人道主义精神。

我编写课后这道练习题的意图是整体把握课文的思想内容，领会中心。

1. 第一次设计

读了这篇课文，说说主要内容，说明了什么。

自悟修改意见：题目虽然指向明确，但学生只是随便说说而已，训练概括的表达能力不到位、不扎实。

2. 第二次设计

改为填空：文章讲述了____________________这个故事，说明了____。

自悟修改意见：虽然概括全文中心的表达训练得到落实，但课文主要表现的是船长，却笔墨很少题中并未表明，必须训练学生抓住文章规定的

意思，培养阅读能力。

3. 第三次设计

填空：文章讲述了__________________________这个故事，说明了船长____。

自悟修改意见：虽然训练突出了文章规定的意思，但课文还可以多元理解，题目限制了学生的个性理解。比如，水手不该挑逗猴子，引发事端；孩子不应为了面子就一切不顾；风平浪静的环境是船长观察全面、判断跳水才是救孩子的最佳办法。这些好的创见，题目中没有体现。

4. 第四次设计：改为两题

（1）填空：文章讲述了______________________这个故事，说明了船长____。

（2）读了这篇课文，你还受到了哪些启发和同学交流。

这样，既理解了文章的主要意思，又鼓励了学生的独特感受，同中求异，共识中共创。

启 示

这道训练题的多次修改过程，有两点启发：一是学生的语文素养要靠扎实的训练。水过地皮湿的走过场不能奏效。将口头说中心变为填空方式，渗透了概括中心的结构，夯实了语言表达。二是训练要兼顾共识与共创。作品变为阅读材料，性质发生了变化，理解、表达是作者、编者与教者、学者共创的过程。常言说，一个作者写出一个哈姆雷特，一百个读者，可有一百个哈姆雷特。这里既有共识，也会有求异；既需同感，也会有独特感受，这均是正常的教学现象。在形成共识的前提下，应鼓励学生共创。正如新课标说的：“要珍视学生的独特的感受、体验和理解。”“提倡多角度、有创意的阅读。”看清了这一点，对发挥学生的创造潜能大有裨益，创设学生展示的舞台，将“再现式”教学与“表现式”教学有机结合起来，将“认同式”解读与“批判式”解读有机结合起来。

课例八

《第一场雪》中“第一”的两层含义

举一个我听课的精彩教例。有篇课文《第一场雪》，写的是入冬以来胶东半岛下的头场雪。鹅毛大雪，下了整整一天一夜，雪后景色美丽，而且是场及时雪，来年丰收在望。表面上看是篇写景的文章，其实却是篇带有政治色彩的文章。

教师在开课时针对课题，问到：“联系课文内容，课题为什么叫第一场雪?”学生回答：“因为雪是入冬以来胶东半岛下的头场雪。”接着引导学生读文。

教师在结课时，再次回到课题，引深到：“第一场雪的‘第一’还有另外的意思，你们知道吗?”学生疑惑不知。教师适时引进课外资料：1963年是祖国困难时期的末尾，本文发表在当年大报头版头条上。“瑞雪兆丰年”，预示着困难即将结束，国家、人民有了希望。学生恍然大悟，明白了这篇文章不只是写景的文章。《第一场雪》中的“第一”除了交代入冬以来胶东半岛下的第一场雪，还表明祖国定能走出困难低谷的第一信号，增强人民战胜自然灾害的信心。这样引进课外阅读恰到好处。

这使我联想到另一节听课的课例，异曲同工。学习《二泉映月》课文时，学生提出：“一个民间盲艺人，他的作品为什么会享誉世界呢?”课文没有答案，教师适时展示了课外资料。

国庆10周年时，中国对外文化协会将《二泉映月》作为我国民族音乐的代表作之一送给国际友人。《二泉映月》还入选了世界十大名曲。中国乐团出访外国的时候，《二泉映月》通常为首选曲目。现在，《二泉映月》已经有了何占豪改编的小提琴独奏、储望华改编的钢琴独奏、吴祖强改编的弦乐合奏等西洋乐器演奏曲，深受国内外人民的喜爱。世界著名指挥家小泽征尔在听过《二泉映月》这首曲子后，激动不已，他流着泪说：“这样的音乐应该跪下来听。”

读了这样一段话，学生觉得这首曲子太有名了，世界人民可以通过这样一首曲子来了解中国的民族音乐，而且我们自己也认为阿炳的这首曲子可以成为我们民族音乐的代表。我们都为拥有这样灿烂的经典民族文化而自豪，越是民族的，就越是世界的。课外阅读解决了课内阅读的疑问。

启　示

课外阅读是新时代赋予学生的重要素质。新课标关于课外阅读多处提出了目标：

- 关注学生通过多种媒介的阅读。
- 九年课外阅读总量应在400万字以上。
- 培养学生广泛的阅读兴趣，扩大阅读面，增加阅读量。

我们知道，课内阅读是语文教学的重要内容，课外阅读又必不可少，两者绝非两张皮，毫不相干，课内外阅读有着必然的联系。课内外阅读结合的意义有三点。

一是课内阅读为了课外阅读。课内阅读的文章仅是浩如烟海的课外阅读中的一瓢水，课内阅读仅是沧海一粟，以一粟之读游沧海之读，以少学多读才是方向，才是目的。语文教育大师叶圣陶说："就教学而言，精读是主体，略读只是补充；但就效果而言，精读是准备，略读才是应用。"

二是课外阅读需依靠课内阅读。课外阅读的技能、兴趣培养要靠课内阅读完成，课内阅读在教，课外阅读在用。

三是课内阅读需借助课外阅读。反过来，许多时候，课内阅读需要融入课外阅读，才能深解。

看来，课内外阅读的有机结合，首先是个科学理念问题，是提高教学质量的重要方面，是激发学生课外阅读兴趣、掌握主动查阅资料、培养信息素养的途径。那么，课内外阅读结合可有以下几种：①引趣式的结合。许多课文都是名家名篇，作者写文章时都有写作背景，甚至会有段有趣的故事，这往往成为课外阅读引出课内阅读的关键。教师在教学课文之前，先朗读或讲述与课文有关背景的课外阅读内容，借以引出课文的学习，激起学生的兴致。②解疑式结合。学生在课内阅读中经常提出一些疑问，有的问题教师可以引导学生通过课外阅读解决，课内质疑，课外解疑。上面两个课例就是这种结合。③深化式结合。有时结合课外阅读还能深入理解课文思想内容。《第一场雪》的课题深入解读就是例证。④背景式结合。有时课外阅读引入课文有关的背景资料，可以解决理解的难题。《第一场雪》课题引深也有这种结合的角度。⑤补充式结合。此种方式是选择与课文内容紧密相关的课外读物提供阅读，作为课内阅读的继续和补充。有时可根据节选的课文推荐全书，满足学生强烈的求知欲，增强课外阅读的兴趣，开阔知识视野。

总之，课内外阅读有机结合关键在于找到结合点，并且结合得适度，不要过度发挥。

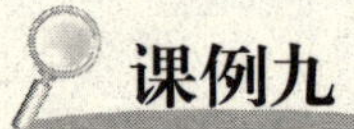

课例九

朗读《题西林壁》的配乐选择

配乐朗读是教师在语文教学中经常采用的教学环节，通常是教师课前就事先配好与课文情境相融的音乐，课上适时播放，学生在乐声烘托下，有感情地朗读。这种做法司空见惯，似乎无不足可言。但当我听了这一节课后，这种认识改变了。

那是我到江苏启东市讲学时听的一节课，其中，某老师设计的为古诗《题西林壁》配乐朗读的环节独具匠心。

课堂上，当学生理解了古诗“横看成岭侧成峰，远近高低各不同。不识庐山真面目，只缘身在此山中。”意思、情境、感情后，进行感情朗读训练。此时，教师别开生面地展示了下面的教学：

师：（启发学生）我打算让同学们配乐感情朗读。到底应该配哪段音乐合适呢？下面我准备几段音乐片段，大家听一听，哪段音乐适合这首古诗的朗读？请同学们帮我选择并说说理由。”

师：（先播放了《月光曲》片段）。

生：《月光曲》不合适，因为这是贝多芬创作的外国钢琴曲，而庐山

是中国的名山，应该播放中国的民乐。

师：有道理，好吧，我也准备了民乐。（接着播放民乐《步步高》片段）

生：这首也不行，虽然是民乐，但节奏太欢快了，作者登庐山需要慢慢欣赏，应该播放慢一点音乐。

师：太对了！太快了，诗人更看不清庐山真面目了。我再放一首节奏慢的乐曲。（播放阿炳二胡曲《二泉映月》片段）

生：还是不合适。《二泉映月》太悲伤了，诗人登庐山是高兴的心情。

师：看来上面几首都不合适。按照同学们的判断，我再播放一首。（最后播放民乐《平湖秋月》片段）

生：行，这首合适，又兴奋又优美，和诗人的情感一致，就配它。

师：我和你们的意见一样。就播放民乐“平湖秋月”陪伴着你们感情朗读。

学生从古诗意境与音乐的旋律一致的角度，选定了《平湖秋月》最合适，融合巧妙，然后配乐朗读，收到很好效果。

启　示

这位教师在教学中为学生搭建起学科相融的平台，开辟了训练的新天地。

新课标指出：“语文课程……应拓宽语文学习和运用的领域，注重跨学科的学习和现代科技手段，使学生在不同内容和方法的相互交叉、渗透和整合中开阔视野，提高学习效率。”“提倡与其他课程相结合”。这就要求我们对语文文本当成能扩展的开发资源，沟通其他学科的引擎，各学科相通综合素养的桥梁。

正是如此，他山之石，可以攻玉。融其他学科的他山之石，攻语文之玉，

进行综合学习，不仅必要，而且可能。上面课例采取学生选择朗读《题西林壁》的配乐，在古诗与乐曲相配的判断中，不仅进一步赏析了古诗的意、境、情，而且也赏析了不同乐曲的民族性、节奏感、感情色彩，

一举两得。这比配乐纯粹为了烘托气氛效果要好得多。

当然，学科间的结合，必须弄清谁为谁，此处是其他学科为语文服务，学科之间要有机融合，不是混合的大杂烩。课例的乐曲片段的选择目的是朗读，并不是单纯的音乐欣赏，做得恰到好处。

第十章

教师要做课堂生成的魔术师

> ☞ 国家中长期教育改革和发展规划纲要指出：提高教师业务素质，改进教学方法。
>
> ☞ 小学语文新课程标准：教应……积极开发、合理利用课程资源，灵活运用多种教学策略和现代教育技术……

魔术表演如梦幻，
观众眼花喜缭乱。
变化莫测真功夫，
师者课堂学应变。

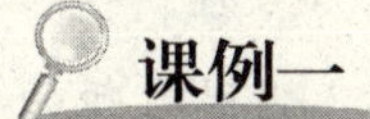

课例一

现场资源抓来就用

课堂上，经常会出现意想不到的情况，当预设教案中没有，教具、课件都没有准备，时间也不允许你长时间考虑时，如何处理？让它溜过去，这往往会失去难得的教学资源，这时如果教师注意运用“现挂”（“现挂”是相声界顺手拈来现场事物的巧妙包袱，即随手拈来的现场教学资源），借机渗透学法，即会化难为易，柳暗花明。我就曾经遇到过这样的情况，教学片断如下。

一次，我在上作文观摩课，台下是刚刚认识的几十名小学生。学生望着我这个身材高大又生疏的老师，略带惊异，紧张。

师：（微笑）你们面前的老师姓赵，大家说说赵老师的身材给你们什么印象？

生：（异口同声）高！

师：谁能具体地形容赵老师怎么高哇？

生：赵老师高极了！

生：赵老师特别高！

生：赵老师非常高！

（学生看来不太会具体表达，出乎我的预料，我认为这是渗透说具体学习方法的好机会，于是……）

师：（打趣）篮球运动员姚明身高2.26米，我还是个矮子呢！

（一片笑声）

师：看来，这么形容身材高，不太好，不具体，怎么办？其实，我举出姚明就是个什么好方法呢？

（学生静了下来，仍没有举手的，也出乎意料）

师：（我迅速观察了现场全班学生的身高，请全班最高的和最矮的两个学生上台，站在老师左右。这样现场情况的直观，学生心神领会，纷纷举手表达）观察后，谁能再具体说说赵老师怎么高？

生：班上最高的同学才到老师的肩膀，至于最矮的嘛，刚到老师的腰，赵老师真高呀！

师：（顺势点拨）你们看，不比不知道，一比吓一跳，一比就知道！这是怎样的方法呢？

生：比较的方法。

师：对极了！大家还能从教室里找到其他证明赵老师高的比较物吗？（学生指挥老师的活动场面出来了）

生：您手触灯管边。

生：您进门试试。

生：您摸摸黑板上边沿……

师：（我逐一按学生的要求做。伸手就摸着灯管，进门要低头，轻易摸到黑板上沿……）

生：请同学上来也都试试。（学生摸不着灯管，进门不低头，跳着才摸到黑板上沿……）

师：用比较的方法写写我怎么高吧！

生：（习作后表达）赵老师不用踮起脚，手就能摸到灯管，我蹦起来也够不着。您太高了！

生：教室的门已经很高了，我们不用低头，可您进门却要低头弯腰呀！

生：您摸摸黑板上边沿，毫不费力，我们却要站在椅子上，才能摸到。

……

师：比较观察，我的特点就显出来了，也就写具体了。

启　示

此片断以现场观察自己，描写身“高”为题，指导怎样写具体。当看到学生不太会具体表达时，出乎我的预料，我认为这是渗透说具体学习方法的好机会。于是运用了手到擒来的活生生现场资源，以打趣方式说到：“篮球运动员姚明身高2.26米，我还是个矮子呢！”引出悬念，巧妙地为比较埋下伏笔。又让全班最高的和最矮的学生上台，站在老师左右表演，不留痕迹地揭示了比较中的表达方法，“现挂”一下子就激发了学生的表达欲望。接着，放手让学生找比较物，扩展训练，又一次运用现场资源，而且是学生在运用，收到意想不到的效果。学生不知不觉地学会了比较表达的技巧。现场事物到处有，恰当使用就能变成鲜活的教学资源，关键在于教师遇到问题不要慌，冷静下来，善于发现身边有用的事物当资源，迅速作出判断，恰当运用，引导学生掌握学习方法。当然，要做到“现挂”游刃有余，需要多年的刻苦实践，做有心人，才能水到渠成。

课例二

评价习作“假如我是小偷”

一次我给学生上作文课，写补题习作《假如我是……》。意在培养学生的想象力。当进行到学生朗读他们的习作环节时，某个学生刚刚说出习作题目，就引起全场一片笑声。

他骄傲地说：“我写的是‘假如我是小偷’！”接着，他就大声读起作文来：“我是小偷。……有一次，我‘收获’了10万元！我用这笔不义之财尽情享受……虽然我的快乐建立在别人的痛苦之上，但是我依然高兴！”

随着他动情的朗读，台下听课老师一片议论，老师们在期待着我如何评价这篇立意“有问题”的作文。我没有立即否定这个孩子的想法，而是把评价的主动权交给学生，让同学们议一议他的习作。同学们站起来纷纷指责这个孩子的“思想”有问题。

生：他不应该写这样的内容，怎么能想当小偷呢？

生：应该改造“他”（小偷）。

生：如果要写小偷，“他”最后要加上被绳之以法。

诸如此类的谴责使本来得意洋洋的小男孩不禁羞红了脸。

我：（微笑着说）他的作文中有一句话说明这还是个本性善良的“小偷”，他说“把自己的快乐建立在别人的痛苦之上”，认识到这一点，就证明这个小偷还是能变好的。

生：（中队长站起来说）我也认为文中的小偷能够变好。

我：（对那个孩子说）我相信你不想当小偷。如果将习作中“把自己的快乐建立在别人的痛苦上”这句话展开想象，具体写写丢了10万元钱的人怎么痛苦，就更好了。你一定会用心修改这篇习作的。

这时，那个孩子重又把头抬起来。台下听课老师也为我抓住文中的积极因素及时进行疏导而频频点头。

在课堂中对学生的评价是教师机智的重要体现，因为每次评价都是针对学生当时的表现而作出的，而且要迅速、恰当。学生不同，教学内容、环节不同，事先是不可能预测评价的，所以这种应变能力往往成为衡量教师的重要标准。如何优化教师评价，上面的教学片断告诉我们：作为教师要充分认识到，在我们的身边，一些人功利浮夸，金钱至上、享乐主义的思想难免不会对孩子幼小、单纯的心灵产生负面冲击。人之初，性本善，很多时候，孩子作文中一些不太积极的立意并非他们真实情感的流露，只是一种模仿而已。我们既不可放任自流，也不可用一记闷棍将孩子全盘否定，而是应该用充满魅力的语言肯定积极的人生之道，端正消极错误的思想，使每个孩子都能在写作文中悟出做人的道理。我紧紧抓住学生在文中"把自己的快乐建立在别人的痛苦之上"这句有亮点的话，及时作出应变，既肯定他的正确认识，又引导他展开想象，具体写写丢了10万元钱的人怎么痛苦，用心修改习作，一举两得。

课例三

"骗人不能骗三回"的精彩评价

这个我听课的课例与上个课例有异曲同工的效果。

一位教师教学生阅读中国传统故事《狼来了》之后，要求学生说说读了这个故事的感受、感想、启发，出现了下面的课堂情境：

师：同学们，读了《狼来了》这个故事，你们有哪些感受呀！

生：骗人是不对的。

生：骗人没有好下场，结果狼真的来了，把羊吃了。

生：搬起石头砸了自己的脚。

生：骗人就是骗自己。

生：什么事情都要实事求是。

（下面这个学生的发言很独特，出乎老师的意料）

生：我觉得，骗人不能骗三次。（大家都感到突然）

师：（略加思索，冷静）按你说的，假如我来骗骗你，每次只骗两回，让你受害，你对我怎样看？

生：不好。

师：怎么不好？

生：太坏了。

师：是呀！学骗人行吗？

生：不行。

师：对！同学们，读文章，就要明主旨，学做人。

师：（话题一转）这个同学虽然读文章没有抓住主旨，但他的感受是"骗人不能骗三次"，是有个优点呢？你们发现了吗？

生：（惊讶，没有人举手）。

师：他虽然没有注意文章的正确的思想内容，但他是从哪个角度看问题的？

生：注意孩子骗人一次、二次、三次。

师：你真了不起！会发现闪光点。他注意了事情发展过程中的次数，与你们思考的角度不同，很独特。值得同学们学习。看问题就要从不同角度思考，只是需要用在正确的方向上。

启　示

这个片断中，当某个学生说出"我觉得，骗人不能骗三次"的意想不到的独特感受时，很明显，他的观点是错误的，价值取向是不对的。对这突如其来的发言，教师如何评价？

如果教师采取避开当场评价，让这个学生坐下，显然不好，不光这个孩子茫然，其他学生也失去一次受教育的机会。应该说，这样做，教师无教学机智。如果教师直接批评孩子"你怎么能学骗人呢！"一棒子打入冷

官，可能就此扼杀了这个学生今后学习的积极性，也可能遭到其他同学的冷遇。其实，这个学生并非要学骗人，只是一种认识而已，教师这样评价就未免有些武断。如果教师采取发动学生评议："同学们，你们对这个同学的发言有什么看法?"很可能出现群起而攻之的情况，这样不仅会使这个学生从此抬不起头，而且其他学生也未能从中学到独特的思维角度。

对于学生说出"骗人不能骗三次"的价值取向明显偏离，上面的教学片断中，教师的评价与众不同，十分巧妙，有以下几点评价机智，值得欣赏：①教师遇事十分沉着冷静，不急躁，认真倾听学生的发言，尊重学生，这是教师评价机智的情感前提。②善于发现学生的闪光点。要知道，事情都是可以一分为二的，学生的表现常常是优缺并存，教师既善于在学生优异的发言中指出还需朝哪个方向努力，又善于在学生错误的发言中发现优点。正如上述教学片断中，教师针对"骗人不能骗三次"的错误取向一分为二，特别称道从中洞察发现"事情发展的次数"独特的思维角度，对此给予肯定与表扬。这是教师评价机智具有的辩证思考。③教师评价要优化。摒弃老师课堂上用"答得对"、"你真好"、"你有进步"、"大家给他鼓掌"等空洞评价，表面上似乎在鼓励学生，实际上这是"漂亮的大话、美丽的套话、亮丽的空话"，学生听后仍不知何是好，如何学习呢？而上面的教学片断，评价却与众不同，教师用"以其人之道还治其人之身"的换位办法使学生自悟观点不对，颇有针对性、具体化。好在哪，错在哪，一目了然，学生真能从中受到启发与教育。④教师在针对个别学生评价的同时，始终不忘以点带面，发动学生寻找闪光点，并引申到阅读要首先抓住文章的主旨，还要多角度思考，提高全体学生的创造性阅读能力。

换一个角度思考，教师教《狼来了》预设教学的目标当然是要学生不要骗人。为什么那个学生却出现"骗人不能骗三次"的错误认识呢？这说明教学是复杂的，各种信息交织，学生往往会从中学到并不是教学重点的隐藏信息，这并不是教师所期望的。教学者没有意图，而学习者却从中获得知识或经验。这样的效果就叫"隐效"。作为教师要随时了解学情是教师课堂的重要责任。课文是可以多元理解的。课堂上教师要激发学生在

“共识”基础上“共创”。在适当时机鼓励孩子发表独特的见解，尽管有时不对，只有学生亮出了观点，点燃“共识”上“共创”的“隐效”火炬，将“隐效”转化成“显效”，才好对症下药。

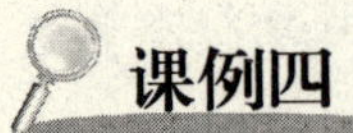

课例四

一个学生出错的纠正

课堂是允许学生犯错的地方，这就是学生“无错”原则。但是“无错”并不等于不纠错，教师机智的责任就在于引导学生从错误转化为正确，获得正确的知识。有这样一个教学片断：

师：同学们，读读课文《葡萄沟》第一自然段，看看有几句话。

全班：（默读后）这段有三句话。

师：同意有三句的，请举手。

全班：（几乎全班学生都举手）。

师：有不同意见吗？

生：我觉得是四句话。（这是错的）

师：你敢于发表不同意见，很好！这样吧，你推荐三行同学朗读这段，每行读一句，你就读第四句。好吗？

生：（三行学生每行读了一句后）老师，他们都读完了，我没有读的了。

师：你很认真听他们读，知道为什么没有你读的第四句吗？

生：我把“五月有杏儿，七、八月有香梨、蜜桃、沙果，到了九、十月份，人们最喜爱的葡萄成熟了。”这句看成两句了。

师：你发现得很准，为什么看成两句呢？

生：我把逗号看成句号了。这段有三句。

师：对了！不管是哪月，都是说水果丰收了，所以用逗号。

启示

这个片断虽说只是个简单、解决个体的问题，但教学应变机智表现在

遇到个别似乎不会出现的不同意见，冷静巧妙处理。在绝大多数学生都对的情况下，教师并不放过个别不同，而是鼓励不同。出现歧异后，采用“以其人之道还治其人之身”的办法，按四句朗读，尊重不同，表扬不同，并给予推荐权，舒缓了学生的自卑心态，抓住这个学生要等待自己读的第四句，就要认真听前三句的起止心理，实际上是启发孩子自悟自明，在体验中发现错误之处，准确获知，恰到好处。这比采取让学生坐下再想想、别人批评帮助、举手表决、教师告诉的简单处理要好得多，在尊重主体、认知心理、体验自悟诸方面都优化。

这个片断还有一点值得肯定，纠正个别兼顾全体。由于只有一个学生说四句话，属于个别现象。如果教师仅一对一解决问题，把其他学生丢在一边，全班无参与，效果只有一人。这个教师采取推荐读、行读办法，将全体学生都发动起来，共同提高，受到普惠效果。

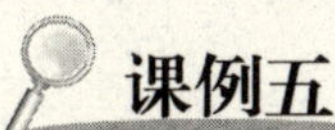

课例五

班长“帮倒忙”后的柳暗花明

20 世纪 80 年代初，我是区语文教研员，负责高年级语文教学，开展教研活动。一次，我请张老师做一节作文评改的公开课，集中指导修改作文中的错别字。前一天下午，我与张老师再次备课，他为了做好课前准备，特意把学生班长叫来，交给她印有作文的一叠卷子，只让她在明天上课前，将卷子发给每个同学每人一张，扣着放在课桌上。

第二天，我观察了班长已经按照老师的要求做好了准备，一张张卷子整齐地扣放在每个学生桌子的右上角。张老师正式上课了，他按照预设的四个环节进行：亮学生错别字的笑话——说说错别字的危害——指导修改错别字的方法——齐练一篇有错别字的作文。前三个环节均顺利完成，还有 15 分钟的时间，该进行最后一个练习环节了。意想不到的情况发生了：

师：同学们，学了就要用，请大家翻开桌上的卷子，上面是篇你们写的作文，里面有不少错别字，相信你们都会把它们消灭。开始吧！

生：（立即翻开阅读，刚过半分钟，就有学生在举手）。

师：不要着急，错别字很多，仔细查找。

生：（几乎全班同学都举手了）

师：（有些疑惑）你们为什么举手？

生：老师，卷子上的错别字都改了！

师：大家看看是不是都改了。

生：（异口同声）都改了。（众笑）

（这突如其来的情况让下面的练习成了泡影，剩下的15分钟做什么，给教师出了一个应变的难题）

师：（此时张老师已经明白是班长全给改了，帮了倒忙）。

班长：（此时也已知道自己多此一举，低头脸红）。

师：（不动声色处理新情况）是谁都给改的？我知道是谁，让我采访采访她。请班长站起来，介绍介绍经验。

班长：（有些不好意思，稍有平静）。

师：请问你，我昨天怎样布置你做准备的？

班长：您让我在上课前把一张张卷子整齐地扣放在每个学生桌子的右上角。

师：对，我让你修改文中的错别字了吗？

班长：没有。

师：那为什么你要修改呢？说说你是怎么想的？怎么做的？

班长：昨天晚上，我拿出您给我的一叠卷子，翻开一张阅读，忽然发现里面有不少错别字，这哪行呀！老师说过，不能叫错别字过夜，不能带着毛病上课。于是我就坐下来认真修改，不让一个错别字溜掉。后来我翻开其他卷子，都一样，我就都给改了。我不知道是老师让同学们今天练修改的。帮了倒忙。

师：你没有帮倒忙，帮了正忙！同学们，听了介绍，你们发现班长的发言在修改错别字上有什么好经验。

生：老师没有让她修改，她能自觉修改。

生：她发现了错别字就想到改过来，不让过夜。

生：她已经养成了修改错别字的好习惯。

师：对呀！学会修改错别字还不够，只有养成了自觉修改错别字的好习惯，才算真正掌握。请大家为班长的好经验鼓掌！

生：（掌声起）。

15 分钟到了，峰回路转，柳暗花明。

我在课后评课，大加赞扬了张老师的魔术般的应变能力。

启　示

课前的“预设”到了课堂，教师要关注学生的表现。师生、生生交往，教学过程定有变化，课堂出现的意料之外，正是教师的关注点和着眼点。对于这意料之外，应看成是可贵的资源，不可多得的教学资源，盼望出现的生成资源。既不要害怕而避开，也不要草草了事，而要正视它、重视它、研究它、解决它，往往会收到意想不到的奇效。张老师的应变就是例证。

课例六

学生不发言怎么办

2011 年 9 月，我应河南省郑州市邀请做了一节观摩课——《起笔名》。这节课我已经上过多次，应该说胸有成竹。每次上课，都由出示名人真名——认识笔名——再对号入座这个顺序开始（见图 10-1）。

屏幕显示：我国许多作家都有自己的笔名。

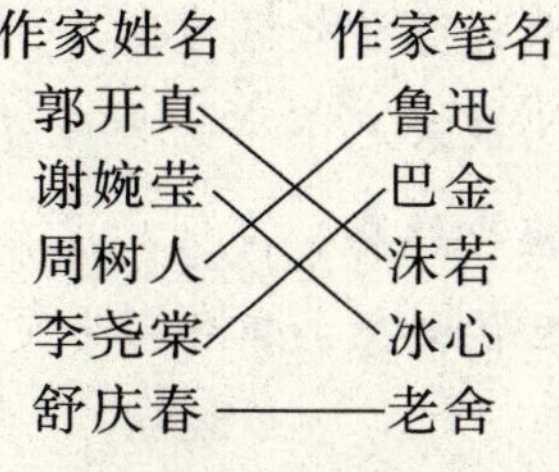

图 10-1　起笔名

面对一个人有两个名字，我都启发质疑，学生都会提出很多疑问，毫不困难。可这个班的孩子，面对台下近千人的听课老师，很紧张，也可能平时没有质疑的习惯，竟然没有一个孩子举手提问，我又等了一会儿，仍然没人发言，很尴尬，怎么办？意料不到的情况发生了，简单处理吗？不行。这正是培养学生质疑的好契机。稍加思考，于是这样处理的：

师：同学们，你们自己有几个名字。

生：一个。

师：看屏幕，我们认识了这么多大作家，每个作家有几个名字？

生：两个

师：比较一下，有什么问题？

生：为什么作家有两个名字？

师：问得好！再来看屏幕，每个作家的两个名字的姓一样吗？

生：都不一样。

师：这点发现，你们又有什么问题？

生：都是一个人，为什么笔名不是一个姓？

生：为什么起不同的字？

生：为什么要起这个笔名？

生：作家是怎么起笔名的？

生：为什么笔名都是两个字？

师：一般是这样，也有起几个字的。看来，大家会提问题了。下面就结合你们的疑问，共同解决。

启 示

通过这次课堂实践，我提高了处理意想不到情况的应变能力。方法有三：①遇到意外要冷静，当成求之不得的生成资源，不简单的处理，会收到更大的效果；②给学生搭桥铺路，降低难度，教师只引而不发，启发学生自行解决；③从学生身边的熟悉的事物引发。